INSTITUTO EUROPEU DA FACULDADE DE DIREITO DE LISBOA
BRITISH COUNCIL
GOETHE-INSTITUT LISSABON
INSTITUT FRANCO-PORTUGAIS

UMA CONSTITUIÇÃO PARA A EUROPA

COLÓQUIO INTERNACIONAL DE LISBOA

Maio de 2003

ALMEDINA

TÍTULO:	UMA CONSTITUIÇÃO PARA A EUROPA
EDITOR:	LIVRARIA ALMEDINA – COIMBRA www.almedina.net
LIVRARIAS:	LLIVRARIA ALMEDINA ARCO DE ALMEDINA, 15 TELEF. 239851900 FAX 239851901 3004-509 COIMBRA – PORTUGAL livraria@almedina.net
	LIVRARIA ALMEDINA CENTRO DE ARTE MODERNA GULBENKIAN RUA DR. NICOLAU BETTENCOURT, 8 1050-078 LISBOA – PORTUGAL TELEF. 217972441 cam@almedina.net
	LIVRARIA ALMEDINA ARRÁBIDA SHOPPING, LOJA 158 PRACETA HENRIQUE MOREIRA AFURADA 4400-475 V. N. GAIA – PORTUGAL arrabida@almedina.net
	LIVRARIA ALMEDINA – PORTO R. DE CEUTA, 79 TELEF. 222059773 FAX 222039497 4050-191 PORTO – PORTUGAL porto@almedina.net
	LIVRARIA ALMEDINA ATRIUM SALDANHA LOJAS 71 A 74 PRAÇA DUQUE DE SALDANHA, 1 TELEF. 213570428 FAX 213151945 atrium@almedina.net
	LIVRARIA ALMEDINA – BRAGA CAMPUS DE GUALTAR, UNIVERSIDADE DO MINHO, 4700-320 BRAGA TELEF. 253678822 braga@almedina.net
EXECUÇÃO GRÁFICA:	G. C. – GRÁFICA DE COIMBRA, L.^{DA} PALHEIRA – ASSAFARGE 3001-453 COIMBRA producao@graficadecoimbra.pt
	NOVEMBRO, 2004
DEPÓSITO LEGAL:	216664/04

Toda a reprodução desta obra, por fotocópia ou outro qualquer processo, sem prévia autorização escrita do Editor, é ilícita e passível de procedimento judicial contra o infractor.

UMA CONSTITUIÇÃO PARA A EUROPA

APRESENTAÇÃO

O Instituto Europeu da Faculdade de Direito da Universidade de Lisboa organizou em Maio de 2003, com o patrocínio do British Council, do Goethe Institut Lissabon e do Institut Franco-Portugais e com o apoio também do Clube Humboldt de Portugal (Associação de Antigos Bolseiros da Fundação alemã Alexander von Humboldt), um Colóquio internacional subordinado ao tema "Uma Constituição para a Europa", com a participação, como oradores, de Professores alemães, franceses, ingleses e portugueses. Esse Colóquio teve o apoio do Gabinete da Comissão Europeia em Portugal.

Antes de mais, queremos expressar aqui o nosso agradecimento pela excelente colaboração prestada por aquelas prestigiadas instituições na organização do Colóquio, colaboração que muito contribuiu para o êxito que este alcançou.

Logo de seguida, queremos agradecer ao Magnífico Reitor da Universidade de Lisboa, o Senhor Professor José Barata Moura, a honra com que nos distinguiu ao presidir à sessão de abertura do Colóquio.

Queremos exprimir também o nosso reconhecimento aos moderadores das sessões pela forma extremamente eficaz como conduziram os trabalhos, bem como aos oradores pelo modo como contribuíram para o alto nível dos debates dos vários temas tratados.

Queremos testemunhar ao Presidente do Conselho Científico da Faculdade, Professor Doutor António de Sousa Franco, o nosso agradecimento pelo apoio que sempre concedeu à organização do Colóquio, lembrando a sua presença constante e activa nos trabalhos, bem como pelo Prefácio que se dignou escrever para este livro. Gostaríamos também de sublinhar o vivo empenho que o então Presidente do Conselho Directivo da Faculdade, Professor Doutor Luís Menezes Leitão, pôs no sucesso do Colóquio.

É devida também uma referência à Senhora Dr.ª Natália Leite, Secretária do Instituto Europeu, pela difícil tarefa que teve de coligir as comunicações que agora se publicam.

Fazemos votos para que os textos das comunicações apresentadas possam contribuir para um frutuoso debate acerca de um tema tão importante para todos nós, e ao qual a Universidade, obviamente, não se pode furtar.

Lisboa, Maio de 2004.

PAULO DE PITTA E CUNHA
Presidente da Direcção do Instituto Europeu

FAUSTO DE QUADROS
Vice-Presidente da Direcção do Instituto Europeu

Post scriptum

Na fase da ultimação tipográfica deste livro fomos surpreendidos com o inesperado falecimento do Professor Sousa Franco. Pelo empenho que ele pôs na organização deste Colóquio, como atrás ficou referido, pela admiração que por ele tínhamos como Colega e pela grande amizade que nos ligava a ele, não o esquecemos e curvamo-nos perante a sua memória.

PAULO DE PITTA E CUNHA

FAUSTO DE QUADROS

PREFÁCIO

O Instituto Europeu da Faculdade de Direito da Universidade de Lisboa de há muito nos habituou a iniciativas de alta qualidade científica e com oportunidade e importância para a Ciência e para a Sociedade. Este Colóquio, que o confirma, reuniu nomes dos melhores entre os cultores do Direito Comunitário Europeu, vincando assim outro dos caracteres da Universidade de excelência no Mundo global, e no espaço europeu: a internacionalização.

Como Presidente do Conselho Científico da Faculdade de Direito de Lisboa, é um dever e um prazer louvar o Instituto Europeu da Faculdade por esta iniciativa pioneira relativa ao constitucionalismo europeu.

Ela foi uma das primeiras – salvo erro, a primeira – ocasiões para uma reflexão académica sobre este tema capital da actualidade europeia, suscitado pela Convenção Europeia que ainda decorria, e nela participaram nomes de primeira água nos domínios do Direito Constitucional e do Direito da União Europeia. Leia-se o índice, pois seria injusto destacar algum e inútil elencá-los todos.

Há já meio século a problemática jurídica do *constitucionalismo europeu* vem recebendo tratamento científico, nos principais domínios em que a evolução das comunidades tem configurado a evolução de uma organização supra-estadual com amplos poderes de soberania partilhada (como querem muitos) ou para um Estado federal europeu (como desejam outros). É sabido que, no campo das Ciências Sociais, em que o homem é sujeito e objecto, o que se vê (teoria) e o que se deseja (ideologia) não são facilmente separáveis. Todavia, é do esforço de objectividade que depende a validade científica das Ciências Humanas e Sociais, em cujo campo, julgo eu, se encontra o Direito.

No momento actual corporiza-se – no domínio jurídico como nos demais – um forte desafio à passagem da problemática específica (constituição económica, primado do Direito Comunitário, problemáticas da competência de atribuição, da *Kompetenz-Kompetenz* no sistema jurídico europeu e do princípio da subsidiariedade, tutela europeia dos direitos humanos ...) para um enquadramento global, marcado pelas questões da soberania e das relações entre o(s) tratado(s) fundamental(ais) europeu(s) e as constituições nacionais.

É essa a novidade do desafio, no plano da decisão normativa, que cabe aos Estados e aos povos, como no da problemática jurídico-social, que à Academia interessa. E a importância dele obriga a um debate alargado, europeu e nacional, que a publicação desta obra por certo animará e esclarecerá.

Por isso, não é só a Faculdade de Direito de Lisboa, não é só a comunidade académica, que devem estar gratos ao Instituto Europeu, muito em especial ao seu Presidente, Professor Doutor Paulo de Pitta e Cunha, fundador dos estudos de Direito Europeu em Portugal, e ao Professor Doutor Fausto de Quadros, que foi a alma e o cérebro deste Colóquio, bem como aos seus colaboradores. Bem hajam!

ANTÓNIO DE SOUSA FRANCO
Presidente do Conselho Científico da Faculdade
de Direito de Lisboa

UMA CONSTITUIÇÃO PARA A EUROPA

COLÓQUIO INTERNACIONAL

15 e 16 de Maio de 2003

PROGRAMA

Quinta-feira, 15 de Maio:
1.ª Sessão: **Porquê uma Constituição Europeia?**

> *Competências e instrumentos legais da União no Projecto do Tratado Constitucional*
> Professor Doutor MICHAEL DOUGAN
> *Faculdade de Direito da Universidade de Cambridge*

> *Tratado ou Constituição?*
> Professor Doutor PAULO DE PITTA E CUNHA
> *Faculdade de Direito da Universidade de Lisboa*

> *Questões em torno do problema da religião na União Europeia*
> Professor Doutor GERHARD ROBBERS
> *Faculdade de Direito da Universidade de Treviro*

> *La Constitution comme voie d'accès à une démocratie de grande échelle*
> Docteur MURIEL ROUYER
> *Instituto de Estudos Políticos de Paris (Institut d'Etudes Politiques de Paris)*

Moderação:

> Professor Doutor MANUEL LOPES PORTO
> *Presidente do Conselho Directivo da Faculdade de Direito da Universidade de Coimbra*

2.ª SESSÃO: **Constituição Europeia e constituições nacionais**

> *A "identidade nacional" dos Estados membros na Constituição da Europa*
> Professor Doutor PETER BADURA
> *Faculdade de Direito da Universidade de Munique*

> *Constituição e constituições perante a integração europeia*
> Professor Doutor JORGE MIRANDA
> *Faculdade de Direito da Universidade de Lisboa*

O princípio da subsidiariedade e a nova proposta de Protocolo
Professora Doutora ELEANOR SPAVENTA
Faculdade de Direito da Universidade de Cambridge

Moderação:

Professor Doutor ANTÓNIO DE SOUSA FRANCO
Presidente do Conselho Científico da Faculdade de Direito da Universidade de Lisboa

Sexta-feira, 16 de Maio:
3.ª SESSÃO: **As questões institucionais numa Constituição Europeia**

A reforma institucional e a Constituição Europeia
Professor Doutor RUI MOURA RAMOS
Vice-Presidente do Tribunal Constitucional
Faculdade de Direito da Universidade de Coimbra

Liderar a União – Que espécie de Presidência para a UE
LARS HOFFMANN
Investigador associado no Federal Trust for Education and Research, Londres

A reforma institucional nas resoluções da Convenção sobre o Futuro da Europa
Professor Doutor ALBRECHT WEBER
Faculdade de Direito da Universidade de Osnabrück

Moderação:

Professor Doutor LUÍS MENEZES LEITÃO
Presidente do Conselho Directivo da Faculdade de Direito da Universidade de Lisboa

4.ª SESSÃO: **Conteúdo e valores da Constituição Europeia**

Valeurs et contenu de la Constitution européenne
Professeur Docteur VLAD CONSTANTINESCO
Faculdade de Direito da Universidade Robert Schuman, Estrasburgo

Os direitos fundamentais na Constituição Europeia
Professor Doutor MEINHARD HILF
Faculdade de Direito da Universidade de Hamburgo

O conteúdo e os valores da Constituição Europeia
Professor Doutor FAUSTO DE QUADROS
Faculdade de Direito da Universidade de Lisboa

Moderação:

Professor Doutor RUI MEDEIROS
Director da Faculdade de Direito da Universidade Católica Portuguesa

1.ª SESSÃO

Porquê uma Constituição Europeia?

COMPETÊNCIAS E INSTRUMENTOS LEGAIS DA UNIÃO NO PROJECTO DO TRATADO CONSTITUCIONAL *

Professor Doutor MICHAEL DOUGAN
Faculdade de Direito da Universidade de Cambridge

Esta conferência coloca a questão, "porquê uma constituição europeia?" Parte importante da resposta está no desejo do Conselho Europeu de Laeken de clarificar e simplificar o funcionamento da UE, tornando a União mais transparente, mais acessível e, em última análise, mais legítima. Esta comunicação analisa duas das principais áreas que atingiram uma fase que permite tal clarificação e simplificação: as competências da União e os seus instrumentos jurídicos[1]. Poder-se-á argumentar que estes dois temas ilustram o que até agora têm sido alguns dos sucessos e deficiências do processo da Convenção; enquanto o Projecto do Praesidium do Tratado Constitucional alcança grandes progressos relativamente aos objectivos de clarificação e simplificação, também levanta novos problemas e estabelece novas confusões, suficientes para levantar não esta mas outra questão, "porquê *esta* constituição europeia?"

A) Competências da União

A Declaração de Laeken requer que a Convenção clarifique, simplifique e (se for caso disso) ajuste a repartição de competências entre a

---

* Tradução da responsabilidade do British Council.

[1] O texto do Projecto do Tratado Constitucional disponível no momento da redacção desta comunicação era constituído pelos seguintes documentos principais: CONV 369/02, CONV 528/03, CONV 571/03, CONV 579/03, CONV 602/03, CONV 614/03, CONV 647/03, CONV 648/03, CONV 649/03, CONV 650/03, CONV 685/03 e CONV 691/03.

União e os Estados membros. Na abordagem desta tarefa há três modelos que devem ser tidos em consideração.

Abordagem de base legal

Este é o modelo utilizado pelos actuais tratados. A relação entre a competência da União e a dos Estados membros é determinada por bases jurídicas individuais incluídas nos tratados (tal como são interpretadas pelo Tribunal de Justiça). Estas podem, por exemplo, determinar se a Comunidade tem competência exclusiva sobre a área política abrangida por aquela base jurídica; se à Comunidade está vedada a possibilidade de se apoiar naquela base jurídica como forma de prossecução da harmonização da legislação nacional, e se a legislação comunitária terá efeito preferencial ou se estabelece meramente padrões reguladores mínimos. A grande vantagem desta abordagem é a sua flexibilidade, embora comporte alguns inconvenientes.

Primeiro, envolve frequentemente uma divisão potencialmente artificial das actividades orgânicas da Comunidade em sectores políticos juridicamente sóbrios, propiciando consequentemente litígios sobre o estabelecimento das bases jurídicas mais correctas de determinada medida comunitária. Estas discussões, relacionadas com as bases jurídicas, são frequentemente motivadas por preocupações relacionadas com o equilíbrio (horizontal) entre as instituições comunitárias: uma regulamentação que abrangesse, simultaneamente, matérias relacionadas com o ambiente e com o mercado interno teria de ser aprovada ao abrigo apenas de uma das bases do Tratado, uma vez que cada uma delas utiliza processos de decisão diferentes para o Conselho e para o Parlamento[2]. Mas também podem decorrer de interesses (verticais) relativos ao âmbito dos poderes da União face aos Estados membros; uma directiva relacionada, simultaneamente, com políticas sociais e com saúde e segurança no trabalho teria de ser adoptada ao abrigo de uma ou de outra base do Tratado, uma vez que cada uma delas se repercute de forma diferente sobre a relação entre as competências da União e os Estados membros[3]. Segundo, o Conselho

---

[2] Por exemplo, Processo C-155/91, *Comissão vs Conselho (Directiva sobre Resíduos)* [1993] CJ I-939.

[3] Por exemplo, Processo C-84/94, *Reino Unido vs Conselho (Directiva sobre o Tempo de Trabalho)* [1996] CJ I-5755.

Europeu afirmou claramente que a abordagem de base legal existente fica aquém das expectativas de transparência expressas na Declaração de Laeken. Assim, a Convenção foi politicamente forçada a estudar modelos de competência União/nacional que fossem mais acessíveis ao público interessado.

Abordagem da enumeração exaustiva

O Praesidium não adoptou a ideia de estabelecer uma lista exaustiva das áreas políticas específicas sobre as quais a União pode ou não agir (incluindo, por exemplo, sectores como o mercado interno, política social, política ambiental, mas excluindo áreas como a dos benefícios sociais, educação ou cultura). O objectivo desta abordagem seria vedar a aplicação de leis comunitárias a áreas políticas consideradas essenciais para a soberania ou identidade nacionais. No entanto, a experiência tem demonstrado claramente que qualquer abordagem que contenha uma tal enumeração seria indevidamente restritiva, se não mesmo impraticável. Disposições sobre a livre circulação ou a lei da concorrência podem virtualmente cruzar transversalmente qualquer sector de política nacional. Mesmo áreas que podem ser tradicionalmente consideradas como sendo da competência reservada de um Estado membro não ficam isentas da influência destas obrigações transversais do Tratado: por exemplo, a igualdade de tratamento dos cidadãos migrantes da União alarga-se aos benefícios da segurança social[4]; a livre circulação pode ter implicações significativas sobre as disposições nacionais relativas à saúde[5], e as leis comunitárias influenciam claramente o acesso e as dotações de fundos para a educação[6].

Abordagem de categorias genéricas

O Praesidium decidiu, em vez disso, adoptar uma abordagem de categorias genéricas relativamente às competências da União[7]. O objectivo

---

[4] Por exemplo, Processo 249/83 *Hoeckx* [1985] CJ 973; Processo C-237/94 *O'Flynn* [1996] CJ I-2617.

[5] Por exemplo, Processo C-158/96 *Kohll* [1998] CJ I-1935; Processo C-157/99 *Smits and Peerbooms* [2001] CJ I-5473.

[6] Por exemplo, Processo 293/83 *Gravier* [1985] CJ 593; Processo C-357/89 *Raulin* [1992] CJ I-1027.

[7] Ver, nomeadamente, CONV 528/03.

deste modelo é indicar os tipos básicos de inter-relacionamento que podem existir entre o poder regulamentar da União e o dos Estados membros. A este respeito, e seguindo a orientação sugerida pela Declaração de Laeken, são identificadas três formas principais de competência da União. Primeira, competência exclusiva: apenas a União goza de competência regulamentar independente sobre a respectiva área política, ficando os Estados membros impedidos de, individualmente, tomar quaisquer medidas nesse âmbito. Segunda, competência apoiada: a União não possui poderes regulamentares gerais sobre a respectiva área política e fica impedida, nomeadamente, de desenvolver quaisquer medidas que visem a harmonização das normas nacionais sobre essa matéria. Terceira, competência partilhada: quer a União quer os Estados membros têm competência regulamentar independente sobre a respectiva área política, mas a competência nacional está sujeita às obrigações decorrentes do Tratado e do direito derivado aplicável (incluindo a possibilidade das medidas da União conterem efeitos preferenciais).

O texto do Praesidium enumera exaustivamente as áreas propostas de competência exclusiva e apoiada da União, ficando portanto a competência partilhada como residual (propondo uma lista meramente indicativa de áreas que devem ser consideradas de competência partilhada). Por um lado, estas designações genéricas não são meramente informativas. É evidente que classificar uma área política como exclusiva, apoiada ou partilhada pode, por si mesmo, produzir determinados efeitos jurídicos no que respeita à repartição de poderes União/Estados membros. Por outro lado, as categorias abstractas incluídas na parte I do Projecto do Tratado Constitucional não podem descrever exaustivamente a relação entre os poderes da União e os dos Estados membros. Permanecem associados (ou pelo menos terão de ser interpretados de forma conjugada) a princípios legais específicos, contidos em qualquer disposição dos instrumentos constitucionais de direito primário, para a definição do âmbito exacto da área política sobre a qual a competência da União/nacional produz os seus efeitos, a fim de determinar a relação entre áreas políticas afins sobre as quais a natureza da competência da União/Estados membros pode, não obstante, variar, bem como elaborar mais pormenorizadamente o âmbito e natureza específicos e o seu impacto nas competências nacionais (por exemplo, no domínio da competência partilhada, quer nos casos em que a harmonização vise meramente estabelecer níveis mínimos, quer naqueles aspectos específicos dessa área política que não são sequer susceptíveis de harmonização)[8].

---

[8] Ver, por exemplo, os artigos 10(6), 12(2) e 15(1) do Projecto do Praesidium.

A abordagem de categorias genéricas adoptada pelo Praesidium implica, mais uma vez, uma repartição potencialmente artificial da actividade orgânica da Comunidade em sectores juridicamente sóbrias de competência "exclusiva/partilhada/de apoio", e integra, consequentemente, no Projecto do Tratado Constitucional a possibilidade de tensões de base jurídica idênticas às existentes no sistema actual. Aceitando estas inevitáveis dificuldades, uma abordagem de categorias relativamente às competências da União pode, não obstante, ser considerada bem sucedida – particularmente do ponto de vista da realização daquilo a que a declaração de Laeken chama transparência – se preencher 4 requisitos (correlacionados). Primeiro, os princípios gerais que descrevem a competência da União têm de ser suficientemente detalhados para serem informativos e possuírem significado, porém, suficientemente abstractos de modo a permitirem uma ampla flexibilidade da prática regulamentar da União nas diversas políticas sectoriais. Em segundo lugar, a designação genérica de uma área política na parte I do Projecto do Tratado Constitucional deve corresponder, também de forma precisa e coerente, às bases legais específicas que regem aquela área política nos termos estabelecidos na parte II. Em terceiro lugar, qualquer tentativa da Convenção para formular princípios gerais relativos à competência da União deve preferencialmente indicar exactamente onde e porque se afasta da posição jurídica actual. Em quarto lugar, os princípios gerais da competência da União terão de ser definidos com clareza de modo a evitar que sejam criados efeitos jurídicos não pretendidos ou que minem a funcionalidade do texto constitucional final.

Infelizmente, não é claro que o Projecto do Praesidium vá ao encontro destes objectivos: as disposições gerais sobre a competência da União não são necessariamente muito informativas, nem sempre correspondem às bases legais detalhadas que surgem na parte II, nem sempre reflectem a situação jurídica existente, ou sequer explicam por que se afastam daquela, e acabam por arriscar criar significativas, mas aparentemente não desejadas, consequências jurídicas.

1) *Competência exclusiva*

Nos termos do actual sistema, a competência exclusiva é uma concepção do Tribunal de Justiça (embora tenha sido implicitamente ratificada pela alteração ao Tratado). A exclusividade remete para a ideia de que apenas as instituições comunitárias têm capacidade legal para tomar medidas regulamentares naquela área política, estando absolutamente vedado aos estados a tomada de qualquer medida nessa matéria. A classificação de um sector político como sendo da exclusiva competência da Comunidade tem, consequentemente, reflexos drásticos e imediatos sobre o poder regulamentar dos Estados membros. Por essa razão, é de crucial importância que a tentativa do Praesidium de codificar o significado e o âmbito da exclusividade seja clara e precisa. O artigo 10.°(1) do Projecto do Praesidium define a competência exclusiva da União como um domínio sobre o qual apenas a União pode legislar e aprovar actos juridicamente vinculativos, não podendo os Estados membros fazê-lo senão mediante habilitação da União. Parece apropriado fazer aqui três comentários.

i) *Âmbito das competências exclusivas da União*

O projecto do artigo 11.°(1) estabelece que a União terá competência exclusiva nas seguintes áreas: união aduaneira; política comercial comum; política monetária relativamente aos Estados membros que adoptaram o euro, e conservação dos recursos biológicos marinhos nos termos da política comum das pescas. Estas disposições são incontroversas. O Projecto do Praesidium reconhece explicitamente que tal irá alterar a repartição de competências entre a União e os Estados membros consubstanciada na política comercial comum, posterior a Nice: os actuais artigos 133.°(5) e (6) CE qualificam o princípio da exclusividade em matérias específicas sob a alçada da política comercial comum, enquanto o projecto do artigo 11.°(1), conjugado com o artigo 24.° do título B da parte II do Tratado Constitucional, irá repor o princípio da exclusividade em todas as novas disposições relativas à política comercial comum[9]. E pelo contrário, estes elementos do projecto do artigo 11.°(1) são sustentados pela actual jurisprudência do Tribunal de Justiça e pela posição doutrinal generalizada sobre o âmbito próprio da exclusividade.

No entanto, o projecto do artigo 11.°(1) também determina que a União irá ter competência exclusiva para garantir a livre circulação de pessoas, mercadorias, serviços e capitais e estabelece normas de concorrência dentro do mercado interno. Esta proposta é extremamente controversa e talvez a única falha legal verdadeiramente flagrante deste texto.

---

[9] CONV 685/03.

O artigo 12.°(4) descreve, desde logo, o mercado interno como uma área de competência partilhada. Esta linha de separação é muito confusa, afinal a livre circulação é uma parte essencial do mercado interno. Mais especificamente, a livre circulação de mercadorias, pessoas, serviços e capitais não é um objectivo cuja realização esteja dependente da existência de disposições do Tratado com eficácia directa, como nos casos dos artigos 28.° e 49.° CE. Isso envolve também a adopção de medidas de direito derivado, nos termos do artigo 95.° CE e das bases legais respectivas, que melhorem o funcionamento do mercado interno ao contribuírem genuinamente para a eliminação de obstáculos à livre circulação entre os Estados membros[10]. As medidas comunitárias de direito derivado que harmonizam os requisitos essenciais de interesse público e, por outro lado, impõem a obrigação de reconhecimento mútuo entre os Estados membros, como forma de aperfeiçoamento do quadro jurídico da livre circulação de mercadorias ou serviços, poderiam ser correctamente consideradas como estando abrangidas pelos artigos 11.°(1) e 12.°(4) do Projecto do Praesidium, porém, devem estas ser consideradas como áreas de competência exclusiva ou partilhada? O Projecto do Praesidium agrava as inevitáveis dificuldades de qualquer abordagem de categorias às competências da União ao traçar tais divisões artificiais entre áreas políticas tão directamente correlacionadas.

A situação torna-se ainda mais confusa se tivermos em consideração a definição de competência exclusiva contida no artigo 10.°(1) do Projecto do Praesidium, i. e., como um domínio sobre o qual apenas a União pode legislar e aprovar actos juridicamente vinculativos, não podendo os Estados membros fazê-lo senão mediante habilitação da União. Esta definição pode adaptar-se bem a áreas (como a política comercial comum ou a política monetária dos Estados membros que utilizam o euro) dominadas pela aprovação de legislação de direito derivado. Mas parece uma definição inadequada para áreas (como a livre circulação de mercadorias, pessoas, serviços e capitais) envolvendo disposições do tratado directamente aplicáveis e cuja eficácia não depende da adopção de legislação de direito derivado pelas instituições da União.

Se aceitarmos o artigo 10.°(1) como definição de exclusividade, significa que o Projecto do Praesidium diz que a livre circulação de merca-

---

[10] Por exemplo, Processo C-376/98 *Alemanha vs Parlamento e Conselho (Directiva da Publicidade ao Tabaco)* [2000] CJ I-8419.

dorias, pessoas, serviços e capitais é uma área em que apenas a União pode legislar e aprovar actos juridicamente vinculativos? Se assim é, então não contradiz isto, notoriamente, a ideia de que a realização do mercado interno pela eliminação de obstáculos à livre circulação, através da adopção de medidas de harmonização nos termos do artigo 95.º CE, etc., deveria ser uma competência partilhada nos termos do artigo 12.º(4)? E se assim é, como é que tal, por sua vez, se ajusta à jurisprudência fixada pelo Tribunal? Apesar dos argumentos de diversos advogados gerais[11], o TJE, na recente sentença sobre a *Directiva sobre Etiquetagem do Tabaco,* confirmou explicitamente que o artigo 95.º não é uma matéria de competência exclusiva para regular a actividade económica no mercado interno, conferindo meramente à União "uma determinada competência" para a melhoria do funcionamento do mercado interno[12].

Em resumo, ao definir a exclusividade em termos de competência legislativa, incluindo então a livre circulação entre as áreas de competência exclusiva da União, o Projecto do Praesidium parece (involuntariamente) incluir a aprovação de medidas de harmonização para a realização do mercado interno. Tal é claramente contrário à jurisprudência relativa ao artigo 95.º CE e cria sérios problemas de coerência quando o mercado interno é descrito também como uma área de competência partilhada. Se, de facto, a livre circulação vier a ser incluída na lista de competências exclusivas da União, a definição do artigo 10.º(1) terá de ser alterada e a respectiva relação com o mercado interno como área de competência partilhada terá de ser clarificada.

No entanto, alega-se que, mesmo limitada às disposições do Tratado com eficácia directa, a livre circulação não deveria ser *sequer* incluída na lista de competências exclusivas da União. A abordagem do Praesidium não é minimamente coerente com a análise académica tradicional de que a livre circulação deve ser vista como uma área de competência partilhada.

Especialmente porque a livre circulação consiste numa complexa interacção entre disposições do Tratado directamente aplicáveis e as nor-

---

[11] Por exemplo no Processo C-233/94 *Alemanha vs Parlamento e Conselho (Directiva Relativa aos Sistemas de Garantia de Depósitos)* [1997] CJ I-2405; Processo C-376/98 *Alemanha vs Parlamento e Conselho (Directiva da Publicidade ao Tabaco)* [2000] CJ I-8419.

[12] Processo C-491/01 *ex parte British American Tobacco* (sentença de 10 de Dezembro de 2002).

mas nacionais que regulam o mercado tendo em conta o interesse público (por exemplo, sobre política ambiental e dos consumidores ou sobre saúde pública e protecção dos trabalhadores). Estas normas nacionais são claramente aprovadas pelos Estados membros no exercício das suas competências próprias. Seria absurdo dizer que qualquer regulamentação interna capaz de erguer obstáculos à livre circulação e, consequentemente, caindo no âmbito material das disposições do Tratado sobre mercadorias/pessoas/capitais só pode ser aprovada nos termos de uma qualquer autoridade expressa ou implícita devolvida aos Estados membros pelas instituições comunitárias. Tal regulamentação interna pode perfeitamente vir a criar obstáculos injustificados à livre circulação e, nessa base, tem de ser afastada na parte que se aplique a bens importados ou a cidadãos estrangeiros. Mas reconhecer que os Estados membros podem exercer a sua competência regulamentar de uma forma que infringe as suas obrigações relativamente à eficácia directa do tratado *não* é o mesmo que dizer que a União goza de competência exclusiva naquele sector político quanto à aprovação de actos jurídicos vinculativos.

O mesmo se verifica para a lei da concorrência. O Tribunal considerou no processo *Walt Wilhelm* que os artigos 81.° e 82.° CE são áreas de competência partilhada em que as leis da concorrência comunitárias e nacionais coexistem e podem ser aplicadas simultaneamente ao mesmo acordo/prática, estando os Estados membros obrigados a garantir que as regulamentações nacionais não se oponham ou enfraqueçam a eficácia das regras do Tratado[13]. O artigo 83.°(2)(e) CE concede expressamente plenos poderes à Comunidade para aprovar normas que definam as relações entre a legislação de concorrência comunitária e as legislações de concorrência nacionais. A União fê-lo pela primeira vez apenas quando aprovou o Regulamento n.° 1/2003 (que entrará em vigor em 1 de Maio de 2004). Ainda assim, o Regulamento n.° 1/2003 apenas estabelece, no que respeita ao artigo 81.° CE, que as leis nacionais sobre a concorrência não podem afastar-se dos resultados alcançados ao abrigo das leis de concorrência comunitárias, enquanto que relativamente ao artigo 82.° CE os Estados membros podem continuar a aplicar internamente uma regulamentação mais rígida que proíba o abuso de posição dominante[14]. Nenhuma destas situações pode ser de facto descrita como sendo de competência exclusiva da União.

---

[13] Processo 14/68 *Walt Wilhelm* [1969] CJ 1.
[14] Regulamento n.° 1/2003 [2003] JO L 1/1.

Ao classificar a livre circulação e a concorrência como áreas da competência exclusiva da União, a Convenção parece ter adoptado – sem o dizer de forma explícita e certamente sem o dizer no texto do artigo 10.°(1) – uma definição de exclusividade que realça a capacidade jurídica do Tratado para a criação de obrigações de eficácia directa sobre os Estados membros, de forma a interagir com o exercício das respectivas competências nacionais próprias para regular aquela área política. A confusão entre a competência para regulamentar e a obrigação de exercer a competência própria para regulamentar em conformidade com o Tratado não é rara. Mas se for esta a abordagem a ser aprovada pela Convenção, não só contribuirá para uma radical redefinição do conceito de exclusividade como também irá levantar a questão sobre a razão de outras áreas de actividade não terem sido descritas como exclusivas. Afinal, a igualdade de remuneração entre homens e mulheres, nos termos do artigo 141.° CE, funciona essencialmente da mesma forma que a livre circulação de mercadorias, pessoas, serviços e capitais; impor obrigações aos Estados membros que podem tornar incompatíveis com a lei comunitária certos exercícios do *que ainda continuam a ser* competências reguladoras nacionais.

Se o Projecto do Praesidium for adoptado tal como se encontra, ficaremos confrontados com uma tarefa quase impossível: por um lado, é necessário preservar os efeitos jurídicos tradicionais da exclusividade no que respeita a áreas como a política comercial comum e a conservação dos recursos biológicos marinhos; mas, por outro, procurar também uma ideia coerente capaz de simultaneamente concatenar conjuntamente todas (e apenas) as políticas enumeradas no artigo 11.°(1) e conciliá-las com a definição básica de exclusividade contida no artigo 10.°(1). É, pois, provável que estas tensões tornem as disposições sobre exclusividade simplesmente impraticáveis. Seria melhor que o Praesidium aceitasse que as propostas iniciais se baseavam num erro subjacente na apreciação do significado jurídico do próprio conceito de exclusividade e que seria melhor eliminar do artigo 11.°(1) qualquer referência à livre circulação e à concorrência.

É verdade que as implicações de caracterizar a livre circulação e a concorrência como áreas de competência exclusiva da União não são grandemente significativas no que respeita ao âmbito de aplicação do princípio da subsidiariedade (uma vez que a livre circulação entre estados/e as normas de concorrência no mercado interno constituem invariavelmente matérias que é melhor serem deixadas para a União do que para os Estados membros, mesmo que sejam classificadas como sendo de competência partilhada) ou no que respeita ao âmbito das cooperações reforçadas (nos casos em que as condições substantivas para aderir à cooperação reforçada farão com que se torne bastante improvável o seu êxito, mesmo que seja classificada como competência partilhada). Antes de mais, os valores aqui em causa são o rigor e a coerência, evitando consequências legais indesejadas na relação entre as competências da União e/ou complicações doutrinais significativas que, em si mesmo, comprometeriam os objectivos de simplificação e transparência expressos na Declaração de Laeken.

ii) *Exclusividade e competência externa da União*

Das disposições sobre a competência externa da União decorrem problemas de diversa natureza. Embora (como foi referido supra) o Projecto do Praesidium comece intencionalmente a alterar a repartição de competências entre a União e os Estados membros, ao abrigo da política comercial comum posterior ao Tratado de Nice, também propõe outras potenciais alterações à competência externa da União que não são explicitamente reconhecidas nem justificadas. Nomeadamente o artigo 11.°(2) estabelece que a União dispõe de competência exclusiva para a celebração de acordos internacionais sempre que tal celebração esteja prevista num acto legislativo da União seja necessária para dar à União a possibilidade de exercer a sua competência a nível interno ou afecte um acto interno da União[15]. Esta formulação pretende codificar a jurisprudência do Tribunal no caso *ERTA* – mas de forma simplista e potencialmente enganadora[16].

Em particular, o Tribunal sustentou no *Parecer da Convenção da OIT* que nas matérias em que a Comunidade tem exercido ou exerce a sua competência interna para aprovar apenas níveis mínimos (como em sectores como os de política social, ambiental ou dos consumidores)

---

[15] Cf. projecto de artigo 32 do título B, parte II, do Tratado Constitucional: CONV 685/03. Refere-se às competências explícitas e implícitas da União para a celebração de acordos internacionais, mas o comentário apenas faz referência ao projecto dos artigos 11 e 12 da parte I do Tratado Constitucional para determinar se essas competências devem ser consideradas exclusivas ou partilhadas.

[16] Processo 22/70 *Comissão vs Conselho (ERTA)* [1971] CJ 263.

a celebração de acordos internacionais tem de ser objecto de competência conjunta com os Estados membros e não exclusiva[17]. Perante este quadro, a classificação de qualquer competência externa implícita como exclusiva não se ajusta à definição de competência exclusiva contida no próprio artigo 10.°(1), i. e., pela qual os Estados membros só devem poder aprovar actos juridicamente vinculativos no respectivo sector se para tal forem habilitados pela União. Além disso, mesmo o Grupo de Trabalho VII sobre Acção Externa recomendou apenas que o Tratado Constitucional deveria indicar que a União é competente para celebrar acordos sobre questões da sua competência interna – mas tal não deve, de forma nenhuma, alterar a delimitação de competências entre a UE e os Estados membros[18].

iii) *Maior clarificação da liberdade de acção dos Estados membros?*

A definição geral sobre as relações entre a União e os Estados membros, em matérias classificadas como de competência exclusiva, contida no artigo 10.°(1), é bastante satisfatória. No entanto, podia ser apresentada de forma mais transparente se reconhecesse que os Estados membros poderiam ser habilitados a aprovar medidas jurídicas vinculativas não só explícita mas também implicitamente, ou seja, nos casos em que a inércia das instituições da União cria um perigoso vazio legislativo que os Estados membros têm de poder preencher, ao agirem como "curadores do interesse comum", sob supervisão estrita da Comissão[19].

2) *Competência partilhada*

O artigo 10.°(2) do Projecto do Praesidium estabelece que, nos domínios de competência partilhada, a União e os Estados membros têm o poder de legislar e aprovar actos juridicamente vinculativos. Os Estados membros exercem a sua competência apenas quando e na medida em que a União não tenha exercido a sua. O artigo 12.°(3) dispõe ainda que, num

---

[17] Parecer 2/91 *(Convenção n.° 170 da Organização Internacional do Trabalho relativa à segurança no uso de produtos químicos no trabalho)* [1993] CJ I-1061.
[18] CONV 459/02.
[19] Por exemplo, Processo 804/79 *Comissão vs Reino Unido* [1981] CJ 1045.

domínio de competência partilhada, os Estados membros podem exercer a sua competência sempre que a União não tenha exercido, ou deixe de exercer, a competência que lhe cabe. Há dois comentários que devem ser aqui feitos.

i) *Matérias incluídas na lista indicativa de competência partilhada*

Nem sempre é claro que as matérias incluídas na lista indicativa de competências partilhadas, elaborada pelo Praesidium [ver o artigo 12.°(4)], correspondem, de facto, às bases legais incluídas na parte II do Projecto do Tratado Constitucional.

Tomemos a saúde pública como exemplo. Por um lado, o actual artigo 152.° CE é, em certos aspectos, uma matéria de competência partilhada, i. e., enquanto confere à Comunidade poderes de harmonização das legislações nacionais sobre os níveis mínimos de qualidade e segurança de órgãos e substâncias de origem humana, sangue e derivados do sangue e aprovação de medidas nos domínios veterinário e fitossanitário que tenham directamente como objectivo a protecção da saúde pública. Por outro, e pelo contrário, o actual artigo 152.° CE confere à Comunidade apenas competência para promover acções de apoio, i. e., medidas de incentivo visando a protecção e melhoria da saúde pública, mas excluindo qualquer harmonização das leis nacionais e recomendações para a realização dos objectivos fixados no artigo 152.° CE. O modesto alargamento da actividade da União na esfera da saúde pública, que foi recomendado pelo Grupo de Trabalho XI e apoiado pelo Plenário da Convenção, não irá alterar esta repartição de competências básicas[20].

Incluir a saúde pública entre os domínios de competência partilhada pode dar uma impressão errada sobre o verdadeiro estado das coisas, reconhecendo o princípio do artigo 12.°(2) do Projecto do Praesidium que o alcance de qualquer competência partilhada é determinado pelas disposições da parte II, mas tendo também em atenção o objectivo subjacente ao modelo do Praesidium de categorias genéricas, para as competências da União, que devem possuir (tanto quanto possível) uma indicação rigorosa e transparente do verdadeiro alcance e natureza da acção da União. A abordagem adoptada pela "equipa de Cambridge", encarregue pelo

---

[20] CONV 516/03 e CONV 548/03.

Ministério dos Negócios Estrangeiros britânico de elaborar um projecto de Tratado Constitucional, parece ter sido mais rigorosa neste aspecto ao incluir a saúde pública entre a lista dos domínios de acção de apoio, sujeitos à expressa indicação de que a União tem maior alcance, mas mesmo assim limitadas competências de harmonização de acordo com as disposições especificadas na parte II[21].

ii) *Definição da própria competência partilhada*

A definição de competência partilhada proposta pelo Praesidium levanta inquietações em três pontos. Primeiro, a definição da relação União/Estados membros em domínios de competência partilhada parece ter sido concebida apenas em termos de competência para promulgar normas de direito derivado, sem acolher facilmente a interacção essencial entre normas de direito primário do Tratado e a legislação dos Estados membros. Por exemplo, o artigo 10.°(2) do Projecto do Praesidium refere que a União e os Estados membros têm o poder de legislar e aprovar actos juridicamente vinculativos em domínios de competência partilhada. Os Estados membros exercem a sua competência apenas quando e na medida em que a União não tenha exercido a sua. Mas isto não torna claro se, mesmo quando não tenha ainda aprovado normas de direito derivado, os Estados têm igualmente as obrigações horizontais a eles impostas pela Constituição, por exemplo, sobre a livre circulação de pessoas e mercadorias. Também o artigo 12.°(3) do Projecto do Praesidium estabelece que, num domínio de competência partilhada, os Estados membros podem exercer a sua competência sempre que a União não tenha exercido, ou deixe de exercer, a competência que lhe cabe. Mais uma vez isto não transmite em absoluto a ideia de que os Estados membros têm, mesmo assim, de exercer a sua competência tendo em devida atenção as normas de direito primário constantes do próprio Tratado.

Em segundo lugar, a definição do Praesidium das relações União/ Estados membros em domínios de competência partilhada parece ter sido concebida apenas em termos de competência para promulgar legis-

---

[21] CONV 345/1/02 REV 1. Também publicado como Alan Dashwood, Michael Dougan, Christophe Hillion, Angus Johnston and Eleanor Spaventa, "Projecto do Tratado Constitucional da União Europeia e Documentos Relacionados" (2003) 28 ELRev 3.

lação preferencial, em vez de outro género de acção comunitária como a harmonização mínima. Por exemplo, o artigo 12.º(3) do Projecto do Praesidium estabelece que os Estados membros podem exercer a sua competência sempre que a União não tenha exercido, ou deixe de exercer, a competência que lhe cabe. Mas se existir uma harmonização mínima, o exercício da competência da Comunidade não extingue a capacidade de exercício pelos Estados membros dos seus poderes de regulamentação. O artigo 10.º(2) do Projecto do Praesidium é talvez mais preciso a este respeito, ao dizer que os Estados membros exercem a sua competência apenas quando *e na medida* em que a União não tenha exercido a sua competência, pode abrigar formas mais flexíveis de intervenção legislativa. Mesmo o artigo 11.º do anteprojecto de Tratado Constitucional é mais rigoroso quando estabelece que à medida que a União for exercendo a sua acção nesses domínios de competência partilhada os Estados membros apenas poderão actuar *dentro dos limites definidos pela legislação da União*[22].

Em terceiro lugar, a redacção do Projecto do Praesidium, nomeadamente do artigo 12.º(3), pode dar a impressão errada de que, se a União actua num *domínio* de competência partilhada (por exemplo, política social ou política ambiental), a competência dos Estados membros para actuar naquele *domínio* é desse modo substituída. O que acontece, de facto, evidentemente, é que a União aprova diplomas respeitantes a *assuntos específicos* dentro de um domínio global de competência partilhada (por exemplo, despedimento colectivo e falência da entidade patronal ou eliminação de resíduos e protecção do *habitat*), afectando a competência dos Estados membros para actuar apenas no que respeita *àquele assunto específico* e não relativamente à globalidade daquele domínio de competência partilhada. Também aqui o projecto do artigo 10.º(2) parece ser, a este respeito, mais preciso.

É verdade que a redacção do Praesidium pode ser suficientemente vaga para cobrir estes aspectos, mas será que satisfaz o requisito básico de oferecer uma definição clara e informativa sobre as relações jurídicas entre a União e os Estados membros em domínios classificados como sendo de competência partilhada? O projecto do artigo 11.º do "texto de Cambridge" tem um modelo mais satisfatório relativamente ao modo

---

[22] CONV 369/02.

como o conceito de competência partilhada pode ser descrito de forma genérica, embora precisa[23].

3) *Acção de apoio*

O artigo 10.°(5) do Projecto do Praesidium estabelece que, em determinados domínios e nas condições previstas pela Constituição, a União tem competência para levar a cabo acções destinadas a coordenar, completar ou apoiar a acção dos Estados membros, sem com isso substituir a competência destes nesses domínios. O artigo 15.°(4) estabelece ainda que os actos juridicamente vinculativos aprovados pela União com base nas disposições específicas para os domínios de acção de apoio constantes da parte II não podem implicar a harmonização das disposições legislativas e regulamentares do Estado membro.

Esta definição básica parece ser correcta. No entanto, diversas partes do Projecto do Praesidium poderiam ser reorganizadas numa disposição ampla e mais coerente, que poderia talvez intitular-se "Domínios da acção de apoio, de coordenação e complementar" (artigo X) relacionadas com: 1) domínios com acção de apoio pela União; 2) domínios para coordenação a nível da União; e 3) domínios para acção complementar da União.

i) *Domínios da acção de apoio pela União*

Os domínios da acção de apoio abrangem os constantes da lista do artigo 15.°(2) do Projecto do Praesidium, i. e., domínios em que a União pode empreender acções (tais como medidas de incentivo, troca de informação, identificação das melhores práticas, etc.) de apoio às políticas dos Estados membros. Para uma maior clareza, o artigo X(1) deveria também especificar que: *a)* a União teria ainda poderes de harmonização das normas nacionais que incidam sobre orientações de políticas classificadas como domínios da acção de apoio, em que outras bases legais dêem à União legítima competência para o fazer (por exemplo, o artigo 95.° CE sobre o mercado interno); *b)* de qualquer modo, os Estados membros estão

---

[23] CONV 345/1/02 REV 1; (2003) 28 ELRev 3.

ainda obrigados, dentro das políticas classificadas como domínios da acção de apoio, pelas obrigações horizontais com eficácia directa impostas nos termos da parte II do Tratado (por exemplo, sobre a livre circulação de mercadorias e pessoas).

ii) *Domínios para coordenação a nível da União*

Actualmente os artigos 10.º(3) e 13.º do Projecto do Praesidium referem a competência da União para coordenar as políticas económicas dos Estados membros. O artigo 15.º(3) estabelece que os Estados membros coordenam, no seio da União, as suas políticas nacionais em matéria de emprego. Não é clara a razão da coordenação das políticas económicas ter sido separada das "competências complementares" em geral, nem a razão de não ter sido agrupada mais especificamente com a coordenação das políticas de emprego. Estas disposições podiam ser mais correctamente agrupadas num novo artigo X(2), do qual constassem os domínios em que os Estados membros coordenassem as suas políticas através da União. Além do mais, parece estranho que, ao definir os princípios que regem as competências da União, haja um artigo como o 13.º(2) do Projecto do Praesidium, ou seja, impondo a obrigação específica de os Estados membros conduzirem as suas políticas económicas, atendendo ao interesse comum, tendo em vista contribuir para a realização dos objectivos da União. Certamente que tal pertence mais naturalmente à parte II, juntamente com as restantes normas substantivas que regem a coordenação das políticas económicas.

iii) *Domínios de acção complementar da União*

Os artigos 12.º(5) e (6) do Projecto do Praesidium incluem actualmente, sob a epígrafe "Competência partilhada": investigação, desenvolvimento tecnológico e o novo sector proposto do espaço (em que a União terá competência para desenvolver acções e, nomeadamente, implementar programas), e a cooperação para o desenvolvimento e a ajuda humanitária (em que a União terá competência para empreender acções e desenvolver uma política comum). Em nenhuma das situações pode o exercício da competência pela União ter como efeito vedar aos Estados membros o direito de exercerem as suas competências. Não é clara a razão pela qual estes sectores foram tratados como fazendo parte da categoria residual da competência partilhada, quando parecem ajustar-se perfeitamente na definição básica contida no artigo 10.°(5) do Projecto do Praesidium, ou seja, que em determinados domínios e nas condições previstas pela Constituição a União tem competência para levar a cabo acções *(inter alia)* destinadas a *completar* a acção dos Estados membros, sem com isso substituir a competência destes nesses domínios. Os artigos 12.°(5) e (6) poderiam ser mais coerentemente agrupados num novo artigo X(3), relacionado com os domínios em que a acção da União completa, sem substituir, a acção dos Estados membros na mesma área.

B) Instrumentos jurídicos

A Declaração de Laeken reconheceu que os sucessivos tratados tiveram como resultado a proliferação de instrumentos jurídicos ao dispor das instituições da União para a realização de funções políticas. Por exemplo, o Primeiro Pilar utiliza regulamentos, directivas e decisões (podendo todas ter aplicabilidade directa). O Terceiro Pilar tem o seu próprio conjunto de posições comuns, decisões quadro, decisões e convenções (nenhuma das quais é susceptível de ter aplicabilidade directa). O Segundo Pilar assenta sobre estratégias comuns, acções conjuntas e posições comuns (cujos respectivos efeitos jurídicos não são claros graças à redacção inconclusiva do texto do Tratado e à sua exclusão de qualquer jurisdição do TJE). O Conselho Europeu solicitou à Convenção que se pronunciasse sobre se os instrumentos jurídicos da União não deveriam ser melhor definidos e se o seu número não deveria ser reduzido.

O projecto dos artigos 24.° a 33.° do Projecto do Praesidium segue as amplas recomendações de simplificação e racionalização propostas pelo Grupo de Trabalho IX[24], ao propor, efectivamente, uma redução drástica do número de instrumentos jurídicos básicos ao dispor das instituições da União e ao introduzir uma hierarquia formal, entre aqueles instrumentos jurídicos, através de uma nova distinção entre actos legislativos e actos

---

[24] CONV 424/02.

não legislativos[25]. O impulso fundamental destas propostas é para ser fortemente aplaudido, levantando-se problemas apenas em pequenos detalhes.

1) *Definição dos instrumentos jurídicos*

i) *Actos legislativos*

As "leis europeias", tal como são definidas pelo artigo 24.°(1) do Projecto do Praesidium, correspondem quase exactamente aos regulamentos definidos nos termos do actual artigo 249.°(2) CE, ou seja, são actos de carácter geral obrigatórios em todos os seus elementos e directamente aplicáveis em todos os Estados membros.

As "leis quadro europeias", tal como são definidas nos termos do artigo 24.°(1) do Projecto do Praesidium, pretendiam corresponder às directivas tal como são definidas pelo actual artigo 249.°(3) CE. No entanto, há uma diferença significativa. O artigo 249.°(3) CE estipula que uma directiva "vincula o Estado membro destinatário quanto ao resultado a alcançar, deixando, no entanto, às instâncias nacionais a competência quanto à forma e aos meios". O artigo 24.°(1) do Projecto do Praesidium estabelece que uma lei quadro europeia é um acto legislativo que "vincula o Estado membro destinatário quanto ao resultado a alcançar, deixando, no entanto, às instâncias nacionais a competência quanto à *escolha* da forma e dos meios". Os "comentários técnicos" do Praesidium ao projecto do artigo 24.°(1) não dão uma explicação específica para essa alteração de redacção. Pretende-se, presumivelmente, reforçar o espírito da subsidiariedade e o princípio da proporcionalidade, no que respeita ao carácter qualitativo da actividade legislativa da União (uma questão levantada no debate do plenário sobre o relatório final do Grupo de Trabalho IX)[26].

Porém, esta alteração parece deslocada. O "problema" com as directivas, a que o Praesidium parece querer chamar a atenção, reside na descrição excessivamente detalhada dos seus objectivos. Mas parece inquestionável que o processo de transposição subsequente, ao fazer as escolhas

---

[25] Ver, nomeadamente, CONV 571/03.
[26] CONV 449/02.

necessárias quanto às formas e aos métodos adequados para a execução de tais objectivos nos sistemas jurídicos nacionais, se mantém prerrogativa do Estados membros. Consequentemente, o Projecto do Praesidium concentra-se na alteração do que estava incorrecto no artigo 249.º(3) CE. De facto, as melhores linhas de orientação para reduzir a alegada tendência das directivas para serem excessivamente prescritivas são as actualmente existentes no parágrafo 6 do Protocolo de Amesterdão sobre a aplicação dos princípios da subsidiariedade e da proporcionalidade, uma disposição que o Praesidium propõe revogar, alegando que é excessivamente pormenorizada para um protocolo anexo à Constituição[27].

Ao focar a atenção na execução subsequente (em vez do conteúdo inicial) das directivas, o Projecto do Praesidium pode vir a ter alguns resultados bastante indesejáveis. Nomeadamente, há o risco de a redacção muito firme do artigo 24.º(1) poder levar alguns tribunais nacionais a reduzir o seu empenho na garantia da protecção jurídica efectiva dos cidadãos dos Estados membros que não tenham implementado correctamente ou dentro do respectivo prazo uma lei quadro. Em princípio, não é necessária a existência de qualquer razão para que tal ocorra, depois do termo do prazo para a transposição, pode ainda considerar-se que o Estado membro faltoso pode ter perdido o direito discricionário de "escolha" da forma de implementação, pelo menos relativamente àquelas disposições da lei quadro que são susceptíveis de aplicabilidade directa e que tenham ficado sujeitas ao princípio de interpretação conforme nos termos da jurisprudência *Marleasing*[28], e obrigado à indemnização nos termos da jurisprudência *Francovich*[29]. Mas, na prática, seria lamentável que a alteração proposta pelo Praesidium, da própria definição constitucional de directiva/lei quadro, fosse tomada como uma indicação pelos tribunais de que, por exemplo, os critérios para reconhecimento da aplicabilidade directa das directivas incorrectamente implementadas deveriam ser aplicados de forma mais rigorosa que actualmente, ou que o dever de interpretação conforme deveria ser aplicado pelos tribunais nacionais com maiores restrições, ou ainda que deveria ser mais difícil aos reclamantes provar que os Estados membros haviam cometido uma violação suficientemente grave da sua obrigação de transposição, sendo que qualquer uma permitiria aos Estados membros beneficiar das suas próprias infracções

---

[27] CONV 579/03.
[28] Processo C-106/89 *Marleasing* [1990] CJ I-4135.
[29] Processos C-6 e 9/90 *Francovich* [1991] CJ I-5357.

e privar os cidadãos dos benefícios económicos e sociais para eles planeados pelas instituições da União.

ii) *Actos não legislativos*

Os "regulamentos europeus", tal como se encontram definidos no artigo 24.°(1) do Projecto do Praesidium, são semelhantes às "leis europeias", ou seja, são de carácter geral, obrigatórios em todos os seus elementos e directamente aplicáveis em todos os Estados membros. No entanto, são actos não legislativos destinados apenas a dar execução aos actos legislativos (hierarquicamente superiores) ou a certas disposições da Constituição. Esta última parte da definição pode ser muito restritiva, i. e., na medida em que o artigo 28.° proposto considera que os regulamentos europeus podem também ser usados para a mera execução de regulamentos delegados europeus (também hierarquicamente superiores mas não legislativos) (ver adiante). A ser assim, tal requer a alteração do projecto do artigo 24.°(1) – ou de modo a abranger a execução dos "actos vinculativos" e não apenas dos "actos legislativos", ou (melhor ainda) eliminar a frase respectiva no seu todo e deixar para os artigos 26.° a 28.° do Projecto do Praesidium a identificação das categorias genéricas em que os regulamentos europeus podem ser correctamente usados.

As "decisões europeias", tal como são definidas no artigo 24.°(1) do Projecto do Praesidium, correspondem aproximadamente às decisões previstas no actual artigo 249.°(4) CE. São actos não legislativos obrigatórios em todos os seus elementos. No entanto, as decisões europeias que têm destinatários específicos são obrigatórias apenas para esses destinatários. Esta proposta é semelhante à do "Projecto Cambridge", que sugeria que fosse feita a distinção entre "decisões individuais" e "decisões gerais"[30]. Neste aspecto, ambos os textos procuram ratificar e clarificar a prática institucional existente nos termos do Primeiro Pilar. Mas a abordagem do Praesidium baseia-se na opinião de que as decisões europeias irão substituir as acções conjuntas e as posições comuns como instrumento jurídico principal relativamente à PESC, instrumentos para os quais a existência de destinatários específicos não é propriamente adequada. De qualquer modo, decorre de outras disposições do Projecto

---

[30] CONV 345/1/02 REV 1; (2003) 28 ELRev 3.

do Praesidium que as decisões europeias devem ser apenas aprovadas para implementação de actos legislativos (hierarquicamente superiores), de actos não legislativos (também hierarquicamente superiores, como os regulamentos delegados europeus), ou de certas disposições da própria Constituição.

As "recomendações" e os "pareceres", tal como são definidos no artigo 24.º(1) do Projecto do Praesidium, correspondem exactamente às recomendações e aos pareceres previstos no actual artigo 249.º(5) CE. A sua designação como "instrumentos jurídicos" não é excessiva, dado que, por exemplo, as recomendações podem ter, em certas circunstâncias, força interpretativa obrigatória perante os tribunais nacionais nos termos da jurisprudência *Grimaldi*[31], e pode pretender-se, em certas situações, que os mesmos produzam efeitos jurídicos para terceiros como no caso de garantia de recurso para o TJE, nos termos do artigo 230.º CE[32].

Embora a lista de instrumentos jurídicos (legislativos e não legislativos) elaborada pelo Praesidium pretenda ser exaustiva, os "comentários técnicos" esclarecem que as instituições da União podem continuar a utilizar outras formas de actos (por exemplo, resoluções e declarações). No entanto, o projecto do artigo 24.º(2) tem em conta a recomendação do Grupo de Trabalho IX, segundo a qual, para evitar confusão, nem o Parlamento nem o Conselho devem aprovar actos atípicos, quando lhes seja submetida uma proposta de acto legislativo. O projecto do artigo 24.º(2) não o diz de forma explícita, mas é claro que esta restrição só se aplica à aprovação de actos atípicos que incidam *sobre o mesmo objecto* que a proposta legislativa em análise.

2) *Aprovação de actos legislativos*

i) *Matérias do antigo Primeiro Pilar*

Relativamente às matérias que actualmente estão abrangidas pelo Primeiro Pilar, os actos legislativos da União podem ser utilizados nos termos das directrizes ou limitações específicas contidas nas bases jurídicas

---

[31] Processo C-322/88 *Grimaldi* [1989] CJ 4407.
[32] Processo C-57/95 *France vs Comissão* [1997] CJ I-1627.

individuais da parte II do novo Tratado Constitucional (por exemplo, relativamente à política social, o actual artigo 137.° CE estipula que a Comunidade só pode aprovar directivas e não regulamentos). Por outro lado, o artigo 32.°(1) do Projecto do Praesidium prevê que, na prática, a escolha entre os instrumentos jurídicos seja regida por considerações de proporcionalidade (relembrando o parágrafo 6 do Protocolo de Amesterdão sobre subsidiariedade e proporcionalidade).

De qualquer modo, o artigo 25.°(1) do Projecto do Praesidium estabelece que os actos legislativos serão em geral aprovados para todas as matérias que actualmente estão abrangidas pelo Primeiro Pilar, através de processo de co-decisão (agora designado "processo legislativo"). O que origina um ainda mais significativo alargamento da influência legislativa do Parlamento Europeu. Por exemplo, o projecto do artigo 24.°(2) do título B, parte II, do Tratado Constitucional dispõe que o Parlamento e o Conselho aprovem, nos termos do processo legislativo, as leis europeias e as leis quadro necessárias à execução da política comercial comum, uma área de que o Parlamento é actualmente excluído, mesmo a nível consultivo[33]. No entanto, o artigo 25.°(2) também enuncia que, em casos específicos em que continue excepcionalmente a ser aplicada a mera consulta ou assentimento do Parlamento Europeu, os actos legislativos podem ser aprovados apenas pelo Conselho. O Praesidium pretende apresentar uma lista detalhada de tais bases jurídicas a fim de as mesmas serem apreciadas pela Convenção. Pode encontrar-se um exemplo no projecto do artigo 14.°(3) incluído sob o título "Espaço de liberdade, de segurança e de justiça" constante da parte II do Projecto do Tratado Constitucional: o Conselho (actualmente sob proposta unânime da Comissão) aprova leis e leis quadro relativas ao direito da família, após mera consulta ao Parlamento Europeu[34].

ii) *Matérias do antigo Terceiro Pilar*

As posições comuns, decisões quadro, decisões e convenções usadas actualmente em relação às matérias abrangidas pelo Terceiro Pilar deixarão de existir como instrumentos jurídicos autónomos. Foi suge-

---

[33] CONV 685/03.

[34] CONV 614/03. Não se aplica às normas de responsabilidade parental quando seja aplicável a legislação ordinária.

rido que, para manter a especificidade do actual Terceiro Pilar, após a sua absorção pelo artigo 31.° da parte II do Tratado Constitucional do Projecto do Praesidium este poderia estabelecer que os instrumentos jurídicos definidos nos termos do artigo 24.° tivessem características especiais para os fins de CPJMP (presumivelmente para englobar uma decisão de uma futura convenção sobre a possibilidade das antigas decisões quadro e das decisões poderem ter aqui aplicabilidade directa). Mas o teor do artigo 31.° não sugere nada que não seja o uso de leis quadro ordinárias e decisões (bem como leis) em matérias do antigo Terceiro Pilar[35]. Esta extensão da aplicabilidade directa na CPJMP deve ser lida em conjugação com os artigos 8.°(4), 9.°(4) e 9.°(5) do Projecto do Praesidium (relativos ao dever de cooperação leal decorrente do actual artigo 10.° CE) e também do artigo 9.°(1) do Projecto do Praesidium (o que significa codificar, se bem que de forma simplista, o princípio da supremacia). Manifestamente, a panóplia completa de princípios concebidos para garantir uma execução descentralizada efectiva das leis da União aplica-se agora à CPJMP, incluindo o dever de interpretação conforme da jurisprudência *Marleasing*[36], os princípios de protecção judicial da jurisprudência *Rewe/Comet*[37] e o direito de indemnização da jurisprudência *Francovich*[38].

Mais uma vez (na ausência de quaisquer disposições específicas incluídas na parte II) o artigo 32.°(1) do Projecto do Praesidium estabelece que a escolha entre os elementos jurídicos disponíveis deve ser regido por considerações de proporcionalidade.

De qualquer modo, os artigos 25.°(1) e 31.° do Projecto do Praesidium limitam o princípio geral de que os actos legislativos devem ser aprovados através de processo legislativo, ao estabelecer que se aplicam procedimentos especiais para actos aprovados no âmbito do CPJMP. Estes procedimentos especiais baseiam-se nas recomendações do Grupo de Trabalho X[39] e reflectem-se no projecto dos artigos constantes da parte II do Tratado Constitucional Relativo ao Espaço da Liberdade, da Segurança e

---

[35] CONV 614/03.
[36] Processo C-106/89 *Marleasing* [1990] CJ I-4135.
[37] Processo 33/76 *Rewe-Zentralfinanz* [1976] CJ 1989; Processo 45/76 *Comet* [1976] CJ 2043.
[38] Processos C-6 e 9/90 *Francovich* [1991] CJ I-5357.
[39] CONV 426/02.

da Justiça[40]. A limitação mais importante encontra-se no projecto do artigo 8.°, no âmbito do CPJMP, em que a acção da União pode ser aprovada por proposta da Comissão ou por iniciativa de um quarto dos Estados membros. Outros exemplos incluem o projecto do artigo 21.°(3) em que o Conselho pode aprovar (por unanimidade) leis e leis quadro em matéria de cooperação operacional entre as autoridades nacionais responsáveis pela segurança interna, depois de mera consulta ao Parlamento Europeu.

iii) *Matérias do antigo Segundo Pilar*

Para ajudar a manter a especificidade do actual Segundo Pilar, depois da sua absorção pela parte II do Tratado Constitucional, o artigo 29.° do Projecto do Praesidium refere-se à aprovação dos instrumentos jurídicos respeitantes à PESC (Política Externa e de Segurança Comum). Baseia-se no princípio de que não são aplicáveis a esta matéria nem os actos legislativos nem o processo legislativo. Os únicos instrumentos jurídicos susceptíveis de serem usados na PESC são, consequentemente, os actos não legislativos, nomeadamente as decisões (ver infra). Aliás, são aplicáveis processos de decisão especiais na aprovação de tais actos da PESC, de acordo com as disposições detalhadas incluídas na parte II do Tratado Constitucional. Também se aplicam disposições análogas à política de segurança e defesa comum (artigo 30.° do Projecto do Praesidium)[41].

3) *Aprovação de actos não legislativos*

O texto do Praesidium considera que os actos não legislativos podem ser aprovados, ao abrigo de disposições específicas da própria Constituição (pela Comissão, Conselho e o Banco Central Europeu), de acordo com as disposições especificadas na parte II. Por exemplo, o projecto do artigo 11.°(3) da parte II do Tratado Constitucional sobre o Espaço da Liberdade, da Segurança e da Justiça dispõe que, no caso de um ou mais Estados membros serem confrontados com situações de

---

[40] CONV 614/03.
[41] CONV 685/03. Cf. the recommendations of Working Groups VII and VIII (CONV 459/02 and CONV 461/02, respectively).

emergência caracterizadas por um súbito afluxo de nacionais de países terceiros, o Conselho (agindo com maioria qualificada, sob proposta da Comissão e após consulta ao Parlamento) pode aprovar regulamentos ou decisões que incluam medidas provisórias a favor desse(s) Estado(s) membro(s)[42]. As disposições mais extensas relativas à aprovação de actos não legislativos directamente através da própria Constituição referem-se à aprovação de decisões pelo Conselho Europeu e pelo Conselho de Ministros, para efeitos de política externa e de segurança comum e de política de segurança e de defesa comum[43].

No entanto, o projecto do artigo 26.º propõe que os actos não legislativos possam ser também aprovados em dois tipos de situações: *a)* como regulamentos delegados nos termos do artigo 27.º; *b)* como actos de execução nos termos do artigo 28.º Em ambas as situações, os problemas decorrem relativamente ao grau de supervisão do Parlamento previsto pelo Projecto do Praesidium relativamente à aprovação de actos não legislativos pela União.

i) *Regulamentos delegados nos termos do artigo 27.º*

O projecto do artigo 27.º permitirá que o legislador ao aprovar leis e leis quadro delegue na Comissão (e apenas na Comissão) poderes de execução quase legislativos, ou seja, de promulgação de "regulamentos delegados" (regulamentos europeus tal como são definidos no artigo 24.º) que completem ou alterem certos elementos não essenciais da legislação de direito primário. Os objectivos desta proposta são incentivar o legislador a concentrar-se apenas na definição dos elementos essenciais da legislação da União e permitir que a legislação de direito primário seja adaptada mais rápida e eficazmente às alterações de circunstâncias, por exemplo, ao comportamento do mercado ou à tecnologia científica. Também tem como efeito valorizar os poderes executivos da Comissão e, consequentemente, aumentar a sua importância relativa dentro do novo quadro de equilíbrio interinstitucional, e criar um sistema de supervisão da actividade quase legislativa delegada da Comissão que seja externa a qualquer sistema de comissões existente ou futuro.

---

[42] CONV 614/03.
[43] CONV 685/03.

Este sistema de supervisão, em determinados aspectos, é mais intrusivo que o actual sistema de comissões. Nomeadamente, o artigo 27.° do Projecto do Praesidium fixa os princípios gerais que regem a supervisão directa pelo legislador sobre as actividades quase legislativas delegadas na Comissão. Estes incluem, no artigo 27.°(2), uma lista supostamente exaustiva de condições, nos termos das quais pode ser feita a delegação. O que é estranho é que esta lista visa o controlo, em qualquer situação, quer pelo Parlamento quer pelo Conselho. Não tomando em consideração a possibilidade de, nos casos específicos do artigo 25.°(2), os actos legislativos poderem ser aprovados exclusivamente pelo Conselho. Esperava-se que, em tais situações, as condições para a delegação quase legislativa na Comissão também estivessem limitadas ao controlo exclusivo pelo Conselho. Representa isto uma decisão consciente do Praesidium de dar ao Parlamento uma maior intervenção no controlo de determinados actos delegados que na aprovação da respectiva legislação de direito primário? Ou é outro exemplo de redacção que necessita de ser ajustada antes de o texto do Praesidium poder ser considerado inteiramente coerente?

De qualquer modo, os critérios substantivos do projecto do artigo 27.° que regem a delegação de poderes legislativos na Comissão irão, sem dúvida, provocar discussões para clarificar, por exemplo, quais são os "elementos essenciais de determinado domínio" sobre os quais não pode haver sequer delegação. Analogamente, não é claro se a expressão "certos elementos não essenciais" pretende indicar que existem realmente *certos* elementos não essenciais dos actos legislativos que também não podem ser objecto de delegação. Numa constituição todas as palavras devem ter significado. Se "certas", é importante que fiquem. Mas se não o são, devem ser eliminadas.

ii) *Actos de execução nos termos do artigo 28.°*

O projecto do artigo 28.° fixa o princípio geral de que os Estados membros tomarão todas as medidas necessárias à execução dos actos juridicamente obrigatórios da União. Os "actos juridicamente obrigatórios" incluem quer os legislativos (leis e leis quadro) e certas medidas não legislativas (regulamentos e decisões, incluindo regulamentos delegados). No entanto, se forem necessárias condições uniformes para a execução dos actos obrigatórios da União, esses actos podem conferir poderes de execução à Comissão ou, em casos específicos e nos casos previstos relativamente à PESC, ao Conselho. Os actos de execução revestirão a forma de regulamentos europeus ou de decisões europeias (tal como são definidas no artigo 24.°). Podem ficar sujeitos aos mecanismos de controlo consentâneos com os princípios e normas previamente adoptados pelo Parlamento e pelo Conselho, nos termos do processo de co-decisão.

Aparentemente, o artigo 28.°(3) dá ao Parlamento Europeu um papel igual na aprovação de normas de supervisão de todos os actos de execução da forma prevista pelo artigo 28.°(2). No entanto, esta disposição justifica outras considerações em três aspectos.

O primeiro aspecto prende-se com a participação do Parlamento na supervisão das medidas de execução aprovadas pela Comissão referentes a matérias que eram objecto do Primeiro Pilar e actualmente são reguladas pela Segunda Decisão Comitologia[44]. O artigo 28.°(3) propõe que o Parlamento tenha idêntico papel na futura aprovação de todas as normas de comitologia – não apenas relativamente àquelas bases legais em que a aprovação de actos legislativos é regida pelo processo de co-decisão, mas também, no que respeita às bases legais especificadas no artigo 25.°(2) do Projecto do Praesidium, em que o Conselho continua a ser o único órgão legislativo. No caso anterior, o Parlamento tem, manifestamente, o legítimo direito (não reconhecido nos termos do actual artigo 202.° CE e apenas abrangido, embora incompletamente, pela Segunda Decisão Comitologia) de supervisionar conjuntamente com o Conselho a execução das actividades da Comissão. Já no último caso poder-se-ia esperar que o Conselho continuasse a adoptar os seus próprios mecanismos de controlo para fiscalização da actividade de execução da Comissão. Os "comentários técnicos" do Praesidium não dão qualquer indicação sobre se o artigo 28.°(3) visa deliberadamente envolver o Parlamento na aprovação de mecanismos de controlo sobre *todos* os actos de execução da Comissão ou se a intenção era o mero envolvimento do Parlamento na aprovação de mecanismos de controlo sobre os actos de execução da Comissão cuja legislação de direito primário fosse adoptada pelo processo de co-decisão. Se o que se verifica é o último caso (e esta parece ser o que reflecte quer o relatório do Grupo de Trabalho quer o debate do Plenário)[45], então o artigo 28.°(3) é mais um exemplo de texto vago que precisa de ser reformulado para evitar consequências jurídicas indesejadas.

---

[44] Decision 99/468 [1999] JO L 184/23.
[45] CONV 424/02 e CONV 449/02 (respectivamente).

Podemos considerar que, apesar de as propostas do Praesidium criarem um quadro jurídico para uma futura reapreciação do sistema de comitologia, tal como se aplica actualmente às matérias do Primeiro Pilar, o projecto dos artigos não consigna em si mesmo propostas mais específicas para a reforma da comitologia (além de uma referência feita de passagem nos comentários técnicos resultante das breves reflexões sobre este assunto feitas pelo Grupo de Trabalho IX). Nomeadamente, não há qualquer indicação concreta de que o Praesidium pretenda dar estatuto constitucional à visão da Comissão sobre o seu papel como órgão executivo principal dentro da estrutura institucional da União (pelo menos relativamente às matérias abrangidas pelo antigo Primeiro Pilar), por exemplo, na linha da recente proposta de alteração da Segunda Decisão Comitologia[46], relativamente à mera implementação executiva de diplomas de base aprovados pelo processo de co-decisão, de modo a reduzir todos os comités a um mero estatuto consultivo (uma visão repetida na submissão formal da Comissão à Convenção na estrutura institucional da União)[47].

O segundo aspecto diz respeito ao direito aparente do Parlamento, nos termos do artigo 28.°(3), de estabelecer medidas de controlo, por co-decisão com o Conselho, para a supervisão de medidas de implementação aprovadas pelo Conselho "em casos específicos" dentro do âmbito de aplicação do Primeiro Pilar. Não é aqui claro quais as situações que o Praesidium tem em mente: pode abranger não apenas os casos em que os procedimentos de comitologia ordinários levam o Conselho a chamar a si os poderes executivos originalmente delegados na Comissão, mas também situações excepcionais em que o Conselho pode ser directamente investido no poder de aprovar medidas de implementação nos termos de um acto da União legalmente vinculativo nos termos do projecto do artigo 28.°(2) (por exemplo, no âmbito dos direitos *antidumping*). No último caso, pretende o Praesidium *realmente* propor que o Parlamento deve participar como co-legislador na aprovação de normas de supervisão, ou que, de facto, deva haver quaisquer normas de supervisão para além da própria Constituição e do próprio acto que a institui? Aparentemente não; a introdução feita pelo Praesidium ao projecto dos artigos 24.° a 33.° determina que o "artigo 28.° estabelece as bases jurídicas para a aprovação de mecanismos de controlo dos poderes de execução quando estes sejam exercidos *pela Comissão*". Consequentemente, torna-se aqui necessária uma maior clarificação.

---

[46] COM(2002) 719 Final.
[47] COM(2002) 728 Final/2.

O terceiro aspecto diz respeito ao aparente direito do Parlamento nos termos do artigo 28.°(3) de estabelecer medidas de controlo, por co-decisão com o Conselho, para a supervisão de medidas de execução aprovadas pelo próprio Conselho no âmbito de aplicação do actual Segundo Pilar. Mais uma vez será que o Praesidium pretende *realmente* sugerir aqui que o Parlamento deve participar como co-legislador na aprovação de normas de supervisão, ou que, de facto, deva haver quaisquer normas de supervisão, para além da própria Constituição e do próprio acto que a institui? Com certeza que não; mais uma vez a própria nota introdutória e de qualquer modo considerações elementares de equilíbrio interinstitucional excluem tal possibilidade. Alguns podem achar bastante estranho que o Praesidium não tenha procurado estabelecer uma distinção mais clara entre "decisões europeias" e "decisões PESC", com bases absolutamente separadas para cada uma, capazes de reforçar o carácter específico do antigo Segundo Pilar e de evitar efeitos jurídicos diferentes dos pretendidos. Seria então também estranho que o Praesidium não tenha optado por dividir os "actos de execução" dos "actos de execução PESC". Na realidade, o projecto do artigo 28.° demonstra exactamente a possibilidade, temida por muitos Estados membros, de uma desastrada interferência cruzada entre os actuais Primeiro e Segundo Pilares. Parece ser necessário haver aqui uma maior clarificação, quer pela exclusão de qualquer referência à PESC no artigo 28.° e definição dos seus instrumentos jurídicos (incluindo os actos de execução) no artigo 29.°, ou pelo menos tornando claro que o artigo 28.°(3) não se aplica a actos de execução aprovados pelo Conselho relativamente à PESC.

C) **Observações finais**

As disposições do Projecto do Tratado Constitucional sobre as competências e os instrumentos jurídicos da União são, de facto, indicativos de uma ampla tendência no trabalho da Convenção.

Por um lado, a Convenção propõe muitas ideias boas e algumas vezes arrojadas, como, por exemplo, a inclusão de uma carta de direitos escrita, a possibilidade de aderir à Convenção Europeia dos Direitos Humanos, a simplificação radical dos instrumentos jurídicos da União, etc. Por outro, o que desilude no texto actual é a sua redacção. Na ausência de outra explicação do próprio Praesidium parece haver uma incapacidade recorrente de compreender a actual situação jurídica, ou de avaliar a importância de certos conceitos jurídicos. Tal origina quer diversas disposições que só podem ser interpretadas como erros, quer outras que ameaçam produzir efeitos jurídicos não pretendidos, como, por exemplo, a inclusão da livre circulação e da concorrência no âmbito das áreas de competência exclusiva da União, a sugestão que todas as competências externas implícitas também têm de ser exclusivas e a questão da supervisão parlamentar relativa à aprovação de medidas não legislativas.

É verdade que, comparado com as "grandes questões" com que a Convenção se deparava, tais como reescrever o equilíbrio interinstitucional, ou reformar a política externa e de segurança comum, estes temas podem parecer demasiado técnicos para manter o interesse dos governantes, ou para atrair a atenção dos meios de comunicação populares. No entanto, esperamos que o Praesidium aceite que precisa de reconsiderar a sua posição neste aspecto. Por que se não o fizer, receamos que a Conferência Intergovernamental tenha justas razões para estar céptica sobre a autoridade e mesmo a credibilidade da revisão do Projecto do Tratado Constitucional que será apresentada em Junho. Ou, o que seria igualmente mau, deixadas sem resposta pela Convenção ou pela Conferência Intergovernamental tais deficiências de análise e de redacção jurídicas podem minar a exequibilidade da versão final do Tratado Constitucional. De facto, longe de atingir o nível de clarificação e simplificação requerido pela Declaração de Laeken, o Projecto do Praesidium corre o risco de criar problemas novos e desnecessários para o futuro.

TRATADO OU CONSTITUIÇÃO?

Professor Doutor Paulo de Pitta e Cunha
Faculdade de Direito da Universidade de Lisboa

Muitas vezes, a expressão "constituição europeia" está associada a uma visão federal. Outras vezes, isso não sucede. Comporta mais de uma acepção. Em sentido material, uma constituição europeia já existe há muito, reconduzindo-se aos tratados institutivos. O Tribunal de Justiça das Comunidades Europeias qualificou os tratados como a "Constituição interna da Comunidade", a "Carta constitucional de uma comunidade de direito".

Está muito em voga, de há uns anos para cá, falar-se de "constituição europeia". *The Economist*, que é favorável à integração dos mercados, mas não à união política europeia, apresentou também o seu projecto de constituição, onde, entre outros aspectos, havia uma diluição muito sensível das características pró-federais das instituições europeias: o Tribunal de Justiça via as suas funções esvaziadas em proveito de uma nova câmara, em que estavam representados os Parlamentos nacionais, e que teria o poder de intervir em matéria de fiscalização de constitucionalidade. É de notar também que o Ministro britânico dos Negócios Estrangeiros, o Sr. Jack Straw, disse não estar alarmado pela perspectiva constitucional europeia, porquanto seria normal que qualquer organização tivesse uma constituição, e citou, a propósito disto, o seu clube de golfe ...

Constituição em sentido próprio envolve já um certo número de outras exigências e realidades. Quando se discute sobre ela, está a discutir-se implicitamente a problemática da criação do Estado europeu. Hoje em dia é comum dizer-se que se pretende uma potência europeia, mas não um super Estado europeu. A própria Declaração de Laeken, adoptada pelo Conselho Europeu em Dezembro de 2001, vai nesse sentido. Recentemente, o Primeiro-Ministro britânico, Tony Blair, também manifestou o desejo de que a Europa viesse a ser uma superpotência, internacionalmente influente, mas sem ir ao ponto de se tornar um super Estado.

A Convenção europeia arvorou-se em introdutora de uma proposta de constituição. Através do seu presidente, Giscard d'Estaing, apresentou-se rapidamente como promotora de uma união de Estados em moldes federais. O presidente terá chegado a aventar a hipótese de se mudar o nome: não seria "União Europeia" mas, por exemplo, "Europa Unida". Europa Unida é um *slogan* interessante, mas não me parece que se ganhasse alguma coisa pela passagem da União Europeia para a Europa Unida. Começou a falar-se, em Outubro de 2002, num "tratado constitucional". Há muitos elementos parafederais na fase actual da integração europeia. Foi, aliás, na construção legal da Europa que mais se avançou no sentido federal.

O Direito europeu, o Direito das Comunidades Europeias, apresenta traços marcadamente federais, designadamente através da consagração, que não foi prevista no Tratado de Roma, mas que existe nos clássicos regimes federais, do conhecido princípio *Bundesrecht bricht Landesrecht*, ao qual corresponde a visão da supremacia do ordenamento comunitário.

Existiu um processo integrativo, de tipo constitucional, a nível da criação da comunidade de direito, da formação da ordem legal comunitária, contrastando com o plano de integração política, no qual se avançou muito mais lentamente, e experimentando-se até certos reveses.

Não tenho dúvida de que o ordenamento legal europeu é um ordenamento constitucional, no sentido material de Constituição. O Tribunal de Justiça, em 1963, começou por fazer referência à nova ordem jurídica de Direito internacional; depois, a expressão "Direito internacional" deixou de ser por ela utilizada, e foi-se avançando numa progressão constitucional.

Simplesmente, para que se passasse para a Constituição em sentido próprio seria necessário, o que até hoje não aconteceu, que existisse uma expressão directa do poder constituinte europeu, e não já o poder reflexo resultante da outorga dos tratados por parte dos Estados membros. Julgo que a Convenção de Bruxelas não terá capacidade para propor uma tal mutação.

Creio que, subjacente ao debate Tratado ou Constituição, com várias conotações pelo meio – Tratado constitucional, etc. –, está a questão do Estado europeu ou do Estado federal europeu (o Estado europeu não se concebe, se chegar um dia a realizar-se, senão como um Estado federal).

Ainda hoje prevalece na integração europeia a dominante confederal, a par dos aspectos supranacionais bem conhecidos, como é o caso do federalismo de direito; a essa dominante confederal corresponde a ideia de que a integração assenta num ou em vários tratados, permanecendo os Estados membros como "*les maîtres des Traités*", e detendo o poder de dispor sobre a alteração dos mesmos (embora haja a questão de saber até que ponto existem princípios fundamentais da ordem comunitária que os Estados membros não possam tocar).

Na fórmula confederal prevalece o sistema dos tratados, a regra da unanimidade, o princípio intergovernamental; a fórmula federal já supõe que se estruture uma nova entidade, gerida pelos órgãos centrais da federação.

Procura, por vezes, fazer-se um esforço de compatibilização, mas, a nosso ver, é relativo o texto de tal tentativa. É o caso da conhecida expressão de Jacques Delors "Federação de Estados Nações", ou da referência, menos conhecida, de Dashwood a uma "ordem constitucional de Estados soberanos". Estes autores tentam resolver a quadratura do círculo, esforçando-se por justificar que os Estados permanecem soberanos, sem que, ao mesmo tempo, deixe de formar-se uma entidade que também se arroga o atributo da soberania. O que é muito difícil de explicar.

Embora a soberania seja divisível e repartível, sobre o mesmo espaço não podem coexistir a soberania dos Estados e a soberania atribuída à entidade central. Uma tem de ceder à outra.

Uma coisa são os tratados revistos, ou o tratado unificado. E aqui é compreensível a necessidade de simplificação, podendo continuar a falar-se de constituição em sentido material, numa acepção não rigorosa. Outra coisa será elaborar uma constituição em sentido próprio, o que supõe que se estaria a progredir para a formação do Estado europeu. Ora, o debate sobre a Constituição Europeia, neste sentido de maior rigor, tem como cerne a questão de saber se é desejável caminhar-se para o Estado federal europeu.

Volte-se à distinção básica entre a fórmula confederal e a fórmula federal: na primeira verifica-se uma mera justaposição de Estados soberanos, enquanto na federal é criada uma entidade nova, na qual se concentram os poderes fundamentais da soberania. Às entidades federadas é conferida umas vezes a designação de Estados (porventura na forma minúscula da letra inicial), outras, a de *Länder*, cantões, comunidades autónomas.

A lógica da evolução constitucional levando ao Estado federal é passar a haver uma situação em que o poder decisivo é assumido pelo Estado federal e se apagam os poderes soberanos dos Estados federados. A questão chegou a ser discutida quando se criou a união monetária europeia, mas considerou-se não haver o risco de que os Estados membros da união monetária perdessem a qualificação de soberanos, porque ainda retinham atributos fundamentais da soberania. Se um dia a supranacionalidade se estender ao campo da política externa e da segurança comum, o problema mudará de natureza.

Neste momento, o clima parece não se mostrar propício aos avanços no sentido federal propostos ou são intuídos nos trabalhos da Convenção europeia. O clima em que a Convenção actuou não é favorável. Embora se tenha alargado a outros campos da vida política e social a intervenção no debate das questões europeias, evitando-se a situação tradicional em que somente os representantes dos Governos, fechados nas CIG, tinham a possibilidade de se pronunciar, a opinião europeia sentiu muito pouco os trabalhos da Convenção. Eles talvez interessem a um escol, mas não interessam, ou não têm interessado, à opinião pública no plano dos Estados membros.

A Convenção só debilmente conseguiu estimular o interesse dos povos europeus em relação ao reforço da integração. Não sendo reconhecida a existência de um povo europeu, a aspiração dos federalistas radicais, plasmada na sigla "*we the people of the European Union*" (parafraseando o caso dos Estados Unidos), não se afigura realista.

Há, depois, divergências em torno de temas cruciais da política externa, e nestes temas compreende-se a recente querela em relação à intervenção no Iraque – cinco países membros da União Europeia, três Estados candidatos apoiaram os Estados Unidos em frontal oposição à França e à Alemanha. Talvez tenha sido mais episódica do que poderia parecer, mas a verdade é que se revelou uma clivagem nítida entre Estados membros sobre as grandes questões de política externa do momento.

E acrescento ainda dois factores: por um lado, a inevitável diluição que o alargamento vai representar; por outro, a circunstância de a querela entre grandes e pequenos países não estar estancada. Esta querela deflagrou em Nice, e alguns pretendem agora rever coisas que pareciam definitivas desde Nice, como a questão da presidência e a questão do número de comissários. Raramente terá existido uma época menos propícia a que se faça um reexame da Europa em termos federais e, no entanto, desprezando esses sinais de desinteresse, a Convenção mostrou-se empenhada em deixar uma marca profunda nessa direcção.

Todos sabemos que há traços federais ascendentes no contexto da integração europeia. O Tratado de Roma já desenhara uma arquitectura institucional próxima da dos Estados federais. É nítida a presença daqueles traços, embora com desigual intensidade consoante os sectores. Mas a óptica confederal ainda conserva certa pujança, marcada particularmente pela exigência de a revisão ser feita através de processos diplomáticos e com sujeição à aprovação de todos os Estados membros.

Creio que as questões da revisão dos tratados deverão ser abordadas com grande prudência, até porque é à Conferência Intergovernamental que cabe o poder efectivo de revisão dos tratados europeus.

Afigura-se não ter justificação a proposta formal de uma constituição europeia, nem mesmo de um tratado constitucional. Constituição em sentido material já existe, e o problema não muda de natureza pela circunstância de se substituírem os vários tratados por um tratado unificado – e é este que concretamente deveria ser o objecto da CIG 2004.

QUESTÕES EM TORNO DO PROBLEMA DA RELIGIÃO NA UNIÃO EUROPEIA *

Professor Doutor GERHARD ROBBERS
Faculdade de Direito da Universidade de Treviro

No projecto de tratado constitucional o Praesidium, da Convenção em curso, sugeriu uma disposição explícita sobre as igrejas, as comunidades de fé e as organizações filosóficas, com o seguinte teor:

"Artigo 37.º
Estatuto das igrejas e das organizações não confessionais

1 – A União Europeia respeita e não afecta o estatuto de que gozam, ao abrigo do direito nacional, as igrejas e associações ou comunidades religiosas nos Estados membros.

2 – A União Europeia respeita igualmente o estatuto das organizações filosóficas e não confessionais.

3 – A União estabelecerá um diálogo regular com as referidas igrejas e organizações no reconhecimento da sua identidade e do seu contributo específico."

O Praesidium responde desta forma a um longo, silencioso e quase clandestino desenvolvimento.

A União Europeia já elaborou uma lei sobre religião. Há um *corpus* normativo relativo à religião, um *corpus* da própria União Europeia. Este *corpus* foi sendo elaborado silenciosamente, passo a passo e de acordo com as necessidades, espelhando este processo o facto de o homem não poder viver sem religião.

A legislação europeia sobre religião possui normas de natureza constitucional: liberdade religiosa, liberdade de educação religiosa, não discriminação religiosa, para além de outras. Esta legislação europeia possui

---

* Tradução da responsabilidade do Goethe Institut Lissabon.

normas com diferentes estatutos, estando disseminada por regulamentos e directivas respeitantes à autonomia da igreja dentro das suas instituições, protecção das sensibilidades religiosas em directivas relativas à comunicação social. A legislação europeia sobre religião contém declarações sobre o estatuto do Monte Athos e sobre o respeito pelo estatuto jurídico das igrejas, das comunidades religiosas e filosóficas nos Estados membros. É uma legislação europeia sobre religião extensa e em permanente crescimento. Um padre Premonstratense, missionário no Zaire, para poder receber uma pensão foi considerado, pelo Tribunal de Justiça Europeu, como homem de negócios independente. Um monge trapista foi considerado como empregado da sua ordem religiosa. Um mosteiro espanhol de monges cartuxos, que expunha quadros famosos de Goya apenas para homens, foi fortemente atacado por estar a agir contra a igualdade de tratamento entre homens e mulheres. A hóstia, a oblação tomada pela última ceia nas igrejas, para cumprir as normas europeias, tem de conter o prazo de validade, uma vez que é considerada como um alimento. Em Inglaterra pode ler-se naquelas: consumir de preferência antes de...

Estes são casos individuais previstos em disposições de alguma forma acessórias, pedaços e remendos como se a legislação europeia sobre religião fosse uma manta de retalhos.

Tendo evoluído passo a passo, de forma pragmática, é possível, porém, identificar características fundamentais nesta legislação europeia sobre religião: regionalismo, neutralidade, igualdade.

Primeiro o regionalismo: a União Europeia respeita e não afecta o estatuto jurídico de que as igrejas e as comunidades religiosas e filosóficas gozam ao abrigo das leis dos Estados membros.

Esse respeito pelas características regionais, conjugado com o princípio da subsidiariedade, faz parte das tradições constitucionais comuns dos Estados membros. Não é apenas ao nível dos Estados membros que temos sistemas muito diferentes na União Europeia. Certamente que conhecemos o conjunto tradicional de modelos de separação como em França ou na Irlanda, igrejas do Estado, como em Inglaterra, Dinamarca ou Grécia, conhecemos ainda modelos de cooperação como a Itália, Espanha, Áustria ou Alemanha. No entanto, a maior parte destas categorias perdeu o seu sentido jurídico inicial. De facto, estas distinções perderam toda a relevância social e prática. O estatuto de igreja nacional, ou do Estado, para a Igreja Ortodoxa na Grécia significa algo completamente diferente do estatuto da Igreja Ortodoxa grega como igreja do Estado na Finlândia. A separação na Irlanda é completamente diferente da separação em França.

A questão que hoje aqui se põe é se a liberdade religiosa e as necessidades dos indivíduos e das instituições, que vivem as suas religiões, estão ou não preenchidas de forma adequada.

Mas também dentro dos próprios Estados membros há uma grande diversidade de sistemas. Por exemplo: o Reino Unido conhece, no seu próprio território, diversas formas de relacionamento entre o Estado e as religiões. Em Inglaterra a Igreja Anglicana é a igreja do Estado, a Igreja Oficial, enquanto no País de Gales há uma situação de separação. Na Escócia, a igreja do Estado é a Igreja Presbiteriana escocesa, uma igreja calvinista. Na Irlanda do Norte e no País de Gales a situação é, mais uma vez, diferente e deixando de fora as ilhas do Canal e a ilha de Man, dado que estas não fazem parte do Reino Unido. A Grécia, para dar outro exemplo, de muitos que ocorrem nos Estados membros, reconhece um estatuto especial ao Monte Athos. Na Alemanha vemos numerosas especificidades nos diversos Estados federados *(Länder)*.

Em França há, de facto, sete sistemas diferentes de relacionamento entre o Estado e a igreja. Encontramos estruturas especiais na Alsácia--Mosela, na Guiana e na Ilha de Mayotte. Na Alsácia-Mosela os bispos católicos de Estrasburgo e Metz são nomeados pelo Presidente da República e não pelo Papa e encontramos conhecidas comunidades religiosas e clérigos a serem pagos por entidades estatais. Na Guiana os padres católicos, e apenas estes, são, sem qualquer distinção, pagos como funcionários públicos do *"département"*, em Mayotte o *Mufti* (membro do clero) Muçulmano, como autoridade religiosa máxima, é empossado pelo Estado.

Aqui, encontramos algo significativo: se os próprios Estados membros têm sistemas diferentes, sem problemas de compatibilidade com a unidade do Estado membro, então é perfeitamente possível manter, ao nível da legislação da União Europeia, sistemas diferentes. A União Europeia não pode impor um dos sistemas dos Estados membros aos outros: a laicidade francesa numa Dinamarca com a Igreja Luterana dos povos, ou o sistema alemão na Bélgica, ou o sistema estabelecido em Inglaterra na Áustria, ou o sistema grego em Portugal. O próprio exemplo dos Estados membros demonstra que não é necessário implantar um sistema único, nem tal seria sensato. É possível manter a diversidade.

Ao mesmo tempo que a diversidade se vai alargando, os sistemas assistem a uma evolução. Esta evolução é uma evolução para a convergência. Os sistemas convergem. Podemos assistir a um enfraquecimento das relações entre o Estado e a Igreja Luterana na Suécia. A Suécia aboliu a Igreja Luterana como igreja do Estado no início do ano 2000. Pode ver--se um enfraquecimento das relações entre a Igreja Oficial Anglicana e o Estado em Inglaterra. Na Alemanha assistimos a uma certa evolução no que respeita ao ensino religioso e às escolas públicas, à competência dos tribunais do Estado em assuntos religiosos ou ao estatuto das igrejas como corporações de direito público. Também estruturas anteriormente antagónicas têm demonstrado abertura à cooperação. Por outro lado, laços anteriormente fortes têm enfraquecido. Assistimos a uma convergência europeia relativamente à autonomia e à independência da religião, uma convergência relativamente a uma cooperação benevolente entre o Estado e as religiões.

Não podemos esquecer as diferenças entre os Estados membros, as respectivas histórias, as respectivas memórias, a experiência de longa data – inerentes a uns e estranhas a outros – e temos de as respeitar. Por outro lado, temos que ver o que é comum.

O outro princípio fundamental da legislação da União Europeia sobre religião é a neutralidade. Ou é a laicidade? De facto, qual é a diferença?

A União Europeia não tem certamente, nem deve ter, uma igreja do Estado. Logo, para começar a multiplicidade de protestantismos, a Igreja Católica e os Ortodoxos tornam desde logo dificilmente praticável que uma destas igrejas se torne a igreja da União, essas são questões do passado. Mas, para pensar o futuro, temos de analisar de forma mais profunda que anteriormente as estruturas comuns dos Estados membros. Por exemplo, contrariamente ao que é frequentemente afirmado, a lei francesa laica não é assim tão diferente do sistema de cooperação alemão. Deixem-me colocar um certo número de questões: a laicidade francesa tem ou não em atenção aspectos políticos quando nomeia um bispo católico? O Governo pode rejeitar um candidato por razões políticas. A laicidade reconhece a capelania militar. As escolas públicas deixam espaço para o ensino religioso. O estatuto especial das "associações culturais" e das "associações diocesanas" é absolutamente notável. Damos conta que o Estado é o proprietário dos edifícios da Igreja Católica construídos antes de 1905. Deparamos com ajuda financeira aos edifícios de culto das religiões. Não há dúvida que a França dá bastante mais fundos públicos às comunidades religiosas que a Inglaterra à Igreja Oficial. A Igreja Anglicana, em Inglaterra, depende quase exclusivamente dos seus próprios bens, pois nunca foi secularizada.

Outro aspecto relevante para a discussão, algo complexa sobre o preâmbulo da Carta Europeia de Direitos Fundamentais, é a discussão em curso sobre o preâmbulo do Tratado Constitucional: não reconhece e faz referência a Constituição francesa ao "ser supremo"? – que é referido explicitamente na Declaração de Direitos Humanos de 1789, que faz parte integrante da actual Constituição.

A Alemanha alude, na própria Constituição, à "responsabilidade perante Deus" – expressão que não está tão distante assim do "ser supremo". O ensino religioso nas escolas públicas na Alemanha é a expressão clara da separação entre a igreja e o Estado. A distinção entre o Estado e a igreja na Alemanha é, para além disso, acentuada pelo estatuto de numerosas entidades religiosas como corporações de direito público – não só as grandes igrejas, mas também as comunidades judaicas, os Mórmones, os Adventistas e um grande número de outras religiões, comunidades religiosas e *Weltanschauungs-gemeinschaften*. A legislação da União Europeia deverá referir o que temos em comum.

A noção jurídica de laicidade é a liberdade de consciência, a separação entre o Estado e a igreja, a interdição do financiamento directo da religião pelo Estado. Estes parecem ser os fundamentos constitucionais da laicidade francesa. É a nova laicidade, a laicidade positiva, a laicidade neutra. Esta laicidade torna a cooperação entre o Estado e a igreja perfeitamente possível. Tal como o faz a noção portuguesa de República.

Mais, basta abrir um manual de direito constitucional na Alemanha para encontrar quase as mesmas ideias no sistema alemão: liberdade de consciência, separação entre o Estado e a igreja, inexistência de financiamento directo das religiões pelo Estado (este último aspecto tem certamente algumas peculiaridades).

Temos de ver as estruturas comuns. Por toda a Europa há necessidades idênticas. Necessidade de participação democrática. Necessidade de independência das comunidades religiosas. Necessidades relativamente à imigração muçulmana. Porém, deixem-me dizer aqui algo que está para além da lei e antes dela: temos de aprender, de novo, o quanto o Islão e a Cristandade têm em comum, o quanto as culturas muçulmana e cristã partilham; em resumo: a Europa tem Aristóteles através da Arábia, Tomás de Aquino não seria o que é sem Averróis, o muçulmano Ibn Rushd. E Avicena, o muçulmano Ibn Sinna, está na própria fundação da universalidade, a estrutura fundamental da filosofia ocidental. Quem tem olhos para ver pode perceber essa mesma controvérsia em qualquer manual contemporâneo sobre a actual legislação constitucional.

A legislação europeia sobre religião tem de acolher todos. Os Muçulmanos, os Cristãos e os Judeus, aqueles que não acreditam e aqueles que acreditam.

No entanto, deixem-me colocar uma questão decisiva para o futuro da legislação europeia sobre religião. Laicidade, não tem esta palavra um significado oculto? Um significado, uma acepção de importância e implicações históricas? Este aspecto oculto da laicidade, visto de fora, transmite uma ideia de cepticismo relativamente à religião, algumas vezes quase anti-religiões no campo da vida pública. Estas ideias cépticas, este antagonismo oculto contra a religião contrasta com outros sistemas de relacionamento entre o Estado e a igreja na Europa.

Esta questão está relacionada com o espírito social, com a opinião pública e não tanto com a própria lei. Mas o espírito social também é importante. Por essa mesma razão seria muito difícil, não seria impossível, falar de laicidade na União Europeia. Significaria impor num Estado membro não apenas determinados conceitos jurídicos desenvolvidos noutros Estados membros, mas significaria também impor uma determinada experiência que outros não tiveram. Significaria impor um espírito social. Não imponham uma noção tão ampla e profunda, que seja estranha ou antagónica. Tal seria perigoso para a integração europeia.

Seria melhor se falássemos de uma neutralidade religiosa da União Europeia, bem na linha de uma laicidade neutra, uma laicidade positiva. E melhor ainda seria se falássemos de abertura religiosa na União Europeia e na sua legislação.

Terceiro e por fim: a igualdade como princípio fundamental da lei da União Europeia sobre religião. Todas as religiões têm de ver as suas necessidades preenchidas na lei da União Europeia, na medida em que as mesmas sejam legítimas. A liberdade não funciona sem igualdade. Igualdade é tratar de forma igual o que é igual. Tratar de forma diferente o que é diferente e de acordo com essa mesma diferença.

Em vez de entrar aqui em detalhes, deixem-me abordar um último ponto relacionado com tudo o que foi referido: liberdade religiosa, sensibilidade regional, neutralidade, cooperação e igualdade religiosa. É esta uma noção do passado? Não foram todas as religiões ultrapassadas pela sociedade secular? Não é toda a Europa secular? E não deveria, talvez, ser assim? Não, a religião está de novo em ascensão, o que é tão frutuoso quanto assustador. Estão, outra vez, a ser agitadas novas guerras religiosas, o mundo a ser dividido entre o bem e o mal e esquece-se que o bem e o mal atravessam sempre cada um de nós. A religião não pode ser suprimida. Todas as tentativas de o fazer falharam, porque a religião é uma estrutura básica da existência humana. A religião pode levar a Humanidade a dar o melhor das suas capacidades, mas a religião pode também ser usada da pior forma para servir a pior das guerras. A União Europeia tem de saber dar espaço a um desenvolvimento frutuoso da religião, consciente e activo e envolvê-lo no respeito pela liberdade, igualdade e coexistência pacífica.

LA CONSTITUTION COMME VOIE D'ACCES A UNE DEMOCRATIE DE GRANDE ECHELLE

Docteur Muriel Rouyer
Institut d'Etudes Politiques de Paris

Je suis très heureuse d'être ici aujourd'hui et je tiens à remercier les organisateurs de m'avoir invitée. Je voudrais préciser mon propos: en tant que politiste, je suis chargée, me semble-t-il, d'apporter une mise en perspective qui ne soit pas seulement juridique – même si je serai aussi obligée de parler un peu du juridique, certainement pas aussi bien, cependant, que les spécialistes rassemblés ici. Mon propos va donc consister à interpréter l'idée d'une constitution européenne et le processus constitutionnel européen du point de vue de la théorie politique et plus particulièrement, du point de vue de la théorie de la démocratie. Mon hypothèse de départ, qu'illustre à mon sens l'histoire européenne de long terme, est que nous marchons vers une démocratie européenne de grande échelle, que nous sommes précisément, et avec difficulté, en train d'inventer.

En effet la Constitution européenne concentre aujourd'hui beaucoup d'espoirs démocratiques, puisque la déclaration adoptée à Laeken en décembre 2001 prévoyait "davantage de démocratie, de transparence et d'efficacité". On s'interroge aujourd'hui pour savoir si l'UE pourrait bénéficier d'une légitimité démocratique tirée d'un moment constituant inspiré du modèle américain, mais certains auteurs font remarquer que l'Europe n'a "pas encore trouvé ses Madison", ni constitué son peuple selon des modalités qui permettraient d'évoquer une démocratie européenne (c'est le cas, notamment, de Dieter Grimm et de Fritz Schaprf).

Mon point de vue s'oppose aux thèses pessimistes et discutables sur le déficit démocratique européen et l'absence supposée d'un euro-démos.

J'estime au contraire que l'UE peut bénéficier d'une légitimité démocratique à deux conditions:

    1. si l'on considère l'UE comme un Etat de droit supranational;

    2. si l'on s'appuie sur un modèle de démocratie constitutionnaliste où la défense des droits de l'individu par le juge et une société civile rompue aux moyens du droit compte autant que la règle majoritaire et contribue à définir, procéduralement le peuple européen (et par opposition, donc, à un quelconque "*Volk*" culturel précédant les institutions).

La question de l'Etat de droit européen (EDE) ne pose pas grand problème et est aujourd'hui admise par de nombreux spécialistes du droit et de la science politique (parmi lesquels par exemple Jacques Chevallier ou Alec Stone et James Caporaso). Mais la question de savoir si cet EDE est démocratique est plus complexe. Elle exige de faire retour sur les avancées récentes de la théorie de la démocratie et particulièrement de comprendre ce qu'on peut appeler la "démocratie par le droit", comme nouvelle compréhension de la démocratie, et de voie si cette notion fonctionne, empiriquement, sur le terrain de l'UE.

Je vais pour cela procéder en trois temps:

    1. Evoquer brièvement quelques rappels de théorie de la démocratie et proposer un modèle de démocratie par le droit;

    2. Evoquer le constitutionnalisme européen comme processus de constitution d'un peuple européen grâce au travail des juges communautaires en matière de droits fondamentaux;

    3. Evoquer enfin les pratiques de citoyenneté juridique dans l'UE qui constituent le versant populaire d'un EDE démocratique.

I. Quelques rappels de théorie de la démocratie

1) *Idéal et réalité démocratique*

Il faut rappeler avec R. Dahl et G. Sartori que la démocratie est un régime qui repose sur une tension constante entre un idéal d'égalité dans la participation aux affaires publiques (défini à Athènes) et une réalité toujours distante de cet idéal, et toujours changeante à travers l'histoire. Ce que l'on appelle démocratie, dit Robert Dahl, ce sont toutes les formes de contrôle de l'agenda public par les citoyens; ces formes ont pris des formes différentes à travers l'histoire et surtout se sont exercées à des échelles toujours croissantes (on est ainsi passé de la cité-Etat athénienne ou des républiques démocratiques italiennes à l'Etat-nation et notamment au grand Etat-nation représentatif que sont les Etats-Unis au 18ème siècle). Or à chaque changement d'échelle, la démocratie a connu des évolutions pratiques et théoriques importantes, la plus notable étant celle qui fit passer la démocratie d'un régime participatif direct, dans le cadre d'une petite république, à un régime représentatif dans le cadre d'un grand pays. L'invention démocratique a dans ce cas été la représentation, que Rousseau et les anti-fédéralistes américains trouvaient alors aberrante, et foncièrement anti-démocratique. Mais la démocratie libérale est devenue représentative et c'est ce modèle que nous connaissons tous aujourd'hui.

2) *Un nouveau paradigme démocratique*

Après 1945, on assiste en Europe à un changement dans la compréhension de l'idée et de la pratique démocratique. En effet, la règle majoritaire ne suffit plus à la définir depuis que les "sombres temps" dont parlait H. Arendt ont fait advenir la tyrannie de la majorité tant redoutée par les libéraux. Aujourd'hui, la démocratie repose sur deux piliers: le populisme (expression électorale des voix de la majorité) et le constitutionnalisme, protection constitutionnelle (et NON-MAJORITAIRE) des droits des minorités et, *in fine*, de l'individu.

C'est un nouveau paradigme historiquement situé et contextualisé dans l'histoire européenne. On peut le qualifier doulement:

a) il est "constitutionnaliste" en ce qu'il renvoie à l'expérience américaine formalisée en théorie du droit par les penseurs libéraux américains tels Ronald Dworkin, Bruce Ackerman ou Frank Michelman, qui tous trois justifient le rôle du juge en démocratie comme un mécanisme délibératif de meilleure qualité que le forum majoritaire et permettent ainsi aux individus de défendre leurs droits et d'exercer un contrôle rétroactif sur la loi. Le juge, en outre, participe de la construction même du "peuple", compris comme une communauté de valeurs et de procédures: selon Dworkin, il est Hercule, dont les principes d'interprétation du droit tissent chaque jour les valeurs de la communauté politique. En même temps, comme l'a fait remarquer Habermas, ce dispositif non-majoritaire est foncièrement démocratique s'il est réceptif aux demandes de la société civile qui transitent par les cours: c'est le modèle du "juge responsable" ou "réactif" *(Responsive judge)* inspiré à Michelman par la figure de Justice Brennan;

    b) Dans le contexte européen, ce modèle démocratique s'est développé avec les cours constitutionnelles protectrices des droits fondamentaux. Dominique Rousseau, un professeur de droit français, propose ainsi de parler de "démocratie continue" pour évoquer une démocratie où le contrôle des citoyens sur l'agenda public s'exerce non seulement lors des consultations électorales, mais également ENTRE ces moments, de façon continue par le recours au juge qui protège les droits fondamentaux et se fait co-législateur dans une certaine mesure.

Ainsi la protection constitutionnelle des droits et le contrôle rétroactif de l'agenda public par les moyens du droit sont deux sources de légitimité démocratique des cours.

Ce modèle étant posé, j'aimerais maintenant l'appliquer à l'UE considérée ici comme un Etat de droit supranational marqué, d'une part, par le travail d'interprétation des juges constructeurs du peuple européen et, d'autre part, par certaines pratiques de citoyenneté juridique comparables à ce que Stuart Scheingold, un sociologue du droit américain, a appelé la "politique des droits" (c'est-à-dire l'utilisation du droit, des cours comme ressource politique à part entière alors que le droit est habituellement supposé non-politique, ou du moins doit-il se tenir à une certaine distance du politique pour ne pas succomber aux passions qui dominent cet espace). A partir d'une telle conception ou modélisation de l'UE, on peut proposer l'idée d'une démocratie constitutionnaliste européenne de grande échelle. C'est ce que j'appelle la "révolution européenne de la démocratie".

II. Le laboratoire démocratique européen ou les promesses du constitutionnalisme européen

En tant que communauté de droit, L'UE peut être perçue comme un Etat de droit supranational[1], ou mieux, comme une "constitution compo-

---

[1] J. Chevallier, "La mondialisation de l'Etat de droit", dans Michel Borgetto (dir.), *Droit et politique à la croisée des cultures. Mélanges Philippe Ardant*, Paris, LGDJ, 1999, p. 325-337.

sée" (I. Pernice) d'Etats de droits respectant en leur sein la logique constitutionnaliste et répétant celle-ci au niveau supérieur du droit communautaire. A l'issue d'un processus de fédéralisation de ce dernier mené par la Cour de justice des Communautés européennes (CJCE) – et connu des juristes européens comme *l'effet direct* et la *primauté* du droit communautaire –, les traités sont en effet devenus l'équivalent fonctionnel d'une "Constitution" (ils s'imposent directement aux Etats et le juge communautaire, relayé par les juges nationaux, doit être le seul juge de dernier recours de ce droit supranational). Initialement limitée à la sphère économique, celle-ci s'est étendue à divers secteurs, s'imposant aux Etats membres et bénéficiant de fait de la légitimité des mécanismes d'obéissance au droit de l'Etat de droit. Elle confère des droits aux particuliers (une "nouvelle citoyenneté" économique et sectorielle selon E. Meehan), lesquels s'en sont rapidement saisis pour faire valoir leurs droits "européens" de façon stratégique contre leurs Etats membres, contribuant ainsi à renforcer le pouvoir judiciaire face aux législatifs nationaux[2]. Le "constitutionnalisme européen" peut ainsi s'entendre comme une métaphore juridique, développée par divers spécialistes de l'intégration communautaire, qui fait du système communautaire un "gouvernement constitutionnel" doté d'une sorte de cour suprême[3]. Pour ses défenseurs les plus enthousiastes, il a des vertus démocratiques directement dérivées de l'activité constitutionnelle de la Cour, auteur d'une Charte des droits non écrite[4].

Pourtant, l'analogie constitutionnaliste n'est pas si aisée. La protection des droits fondamentaux n'entrait pas dans le champ initial de compétence de la CE et revenait aux juges constitutionnels nationaux, qui ont ardemment défendu cette prérogative nouvelle contre l'extension de l'activité du juge communautaire, peu à peu amené à connaître des questions de droits dans le cadre d'une intégration accrue et de la primauté du droit communautaire. En effet, favorable à l'intégration et interprétant les textes de façon "téléologique", la CJCE a pu être taxée de "gouvernement des

---

[2] Cf. J. Weiler, "Une révolution tranquille. La CJCE et ses interlocuteurs", *Politix*, 32, 1995, p. 119-138.

[3] Joseph Weiler en fut un des premiers observateurs et défenseurs, beaucoup moins enthousiaste aujourd'hui. D'autres "filent" toujours la métaphore: Alec Stone, James Caporaso, "La Cour de justice et l'intégration européenne", *Revue française de science politique*, 48 (2), 1998, p. 195-244.

[4] Cf. Federico Mancini, David T. Keeling, "Democracy and the European Court of Justice", *The Modern Law Review*, 57 (2), mars 1994, p. 175-190.

juges", pratiquant un activisme "politique" au profit du marché[5]. On lui a aussi reproché de ne pas "prendre les droits au sérieux" pour ne les protéger, de façon opportuniste et utilitaire, que s'ils contribuaient à l'intégration communautaire, et pour certains acteurs – économiques – seulement[6]. Si l'argument du gouvernement des juges ne tient pas[7], il est plus difficile de réfuter l'argument du marché. Cependant, l'attachement des juges constitutionnels nationaux – particulièrement ceux des nouvelles démocraties allemandes et italiennes – à leur protection constitutionnelle a contraint la CJCE à améliorer ses critères de protection des droits de l'homme, au prix d'un dialogue des juges souvent conflictuel mais contribuant à élaborer un "droit commun" (M. Delmas-Marty) européen, non exempt de tension entre "principes du marché" et "principes des droits de l'homme". Par ailleurs, comme l'a montré Joseph Weiler, les principes d'interprétation des juges communautaires ont permis à la Cour de prendre des décisions "de principe" qui s'opposent à l'idée d'une braderie utilitariste des droits au profit du marché: les limitations des droits ont obéi à un principe, classique en matière de libertés publiques, de mise en balance de principes de même valeur (droits *vs* intérêt général de la Communauté)[8]. Ainsi, dans un ordre juridique européen dual mais coopératif, marqué par la convergence des jurisprudences de la CEDH et de la CJCE, la Charte constitutionnelle jurisprudentielle élaborée par les juges offre un niveau de protection des droits qui n'est jamais inférieur à celui pratiqué dans les démocraties nationales, mais dont les tensions peuvent refléter les divergences d'appréciations nationales de ce qu'est une société juste (telle constitution nationale vénère la propriété privée, telle autre l'économie sociale de marché ou l'intérêt général, telle enfin, Dieu). Il est donc bien compréhensible que la conciliation juridique de ces principes soit laborieuse et progressive, offrant l'image concrète d'un "consensus par recou-

---

[5] Hjalte Rasmussen, *On Law and Policy in the European Court of Justice. A comparative Study in Judicial Policymaking*, Dordrecht, Nijhoff, 1986.

[6] Cf. Jason Coppel, Aidan O'Neill, "The European Court of Justice: Taking Rights Serioulsy?", *Common Market Law Review*, 29, 1992, p. 669-692.

[7] Cf. l'ouvrage éponyme d'Edouard Lambert (1935). *Cf.* J. Weiler, "Methods of Protection: towards a Second and Third Generation of Protection", dans Antonio Cassese, Andrew Clapham, Joseph Weiler (eds), *Human Rights and the European Community*, Baden Baden, Nomos, 1991.

[8] Muriel Rouyer, "Droit et démocratie dans l'Union européenne. Le constitutionnalisme comme voie d'accès à une démocratie de grande échelle", thèse de doctorat en science politique, Paris, IEP, 2002, chap. 5.

pement" entre les différentes valeurs publiques[9] qui constitue, selon John Rawls, le socle d'une culture démocratique (en général inscrit dans la Constitution).

Au-delà de sa métaphore juridique, le constitutionnalisme européen est donc porteur des mêmes espoirs démocratiques que le constitutionnalisme "tout court": il favorise le (lent) tissage de valeurs démocratiques communes à la communauté politique, la création juridictionnelle d'un "peuple" européen. De ce point de vue, la Convention chargée d'élaborer une Constitution formelle de l'Europe ne fait qu'actualiser un processus déjà en cours depuis de longues années[10]. On peut cependant reprocher au constitutionnalisme européen ainsi conçu de marcher sur la tête, octroyant des droits sans garantie de leur mise en œuvre effective. Or, comme le remarque Jo Shaw, "les bonnes constitutions ne sont pas imposées d'en haut, mais émergent d'une conjonction de forces d'en bas *(bottom-up)* et d'en haut *(top-down)* qui influent sur le design institutionnel et la participation citoyenne[11]".

III. Les pratiques de citoyenneté juridique dans l'UE, versant "populaire" de la démocratie constitutionnaliste européenne

Quid, en effet, des pratiques de citoyenneté juridique dans l'UE, volet participatif du recours au droit qui permettrait à l'Etat de droit démocratique européen de marcher sur ses deux jambes? Ses rares observateurs l'estiment trop élitiste pour être démocratique[12]. Il faut cependant rappeler que cet élitisme doit moins au caractère européen de cette citoyenneté qu'à sa

---

[9] Ici, nationales. *Cf.* John Rawls, *Libéralisme politique*, trad. de l'amér. par Catherine Audard, Paris, PUF, 1995.

[10] C'est pourquoi certains juristes, tels J. Weiler, s'opposaient à l'élaboration formelle d'une Charte des droits, craignant que des rigidités formelles et des désaccords politiques ne viennent geler le dialogue des juges et l'innovation constitutionnelle européenne. Cf. J. Weiler, "Does the European Union truly need a Charter of Rights?", *European Law Journal*, 6 (2), juin 2000.

[11] Jo Shaw, chap. 15, dans Karlheinz Neunreither, Antje Wiener (eds), *European Integration after Amsterdam. Institutional Dynamics and Prospects for Democracy*, Oxford, Oxford University Press, 2000, p. 292.

[12] Paul Magnette, *La citoyenneté européenne. Droits, politiques, institutions*, Bruxelles, Editions de l'Université de Bruxelles, 1999. Olivier Costa, "Les citoyens et le droit communautaire: les usages élitaires des voies de recours devant les juridictions de l'Union", *Revue internationale de politique comparée*, 9 (1), p. 99-118.

texture juridique: le recours au droit varie selon les habitudes litigatrices des Etats membres et l'ensemble des citoyens européens n'a pas encore la culture juridique à laquelle habituent des droits anciennement acquis.

Dans la structure "en caissons[13]" (compartimentée) de l'UE, la charge de la preuve d'un activisme du droit par des acteurs issus de la société civile (double hypothèse Sartori/Habermas permettant d'évoquer une démocratie juridique européenne) ne peut être faite de façon universelle et générale, mais au cas par cas, selon les secteurs communautaires concernés. Elle doit être conçue comme une "citoyenneté différenciée" (I. M. Young), dans le cadre d'une polyarchie européenne marquée par la concurrence entre groupes pour l'accès aux ressources. Nous avons, pour notre part, soutenu que le cas des femmes illustre de façon idéale typique la compétence démocratique d'un mouvement social prenant pour terrain et cible la société civile. Aptes à parler le "langage des droits" (G. de Burca) communautaires, elles ont pu déterminer en amont (au niveau de l'élaboration des droits, avec, par exemple, le *Gender mainstreaming* du droit CE) comme en aval (repérage et usage du droit avec, par exemple, les campagnes litigatrices pour l'égalité des salaires en Grande-Bretagne et en Irlande), les conditions pratiques de la citoyenneté juridique. Si l'accès au droit reste une ressource politique encore minoritaire réservée à certains groupes de citoyens, le cadre normatif d'une démocratie juridique européenne est cependant posé. Et c'est là, peut-être, qu'une Constitution européenne largement publicisée et débattue, révélerait empiriquement sa valeur ajoutée, en faisant du droit et des droits des citoyens européens un instrument identifiable et utilisable par le plus grand nombre. C'est là également que réside l'enjeu d'un titre consacré à la garantie des droits fondamentaux dans une telle constitution.

C'est pourquoi, malgré le pessimisme relatif des études empiriques sur la citoyenneté juridique, l'analyse des principes débouche en toute rigueur sur une figure possible de la démocratie supranationale européenne. Nul besoin d'attendre la proclamation soudaine du peuple européen: il se constitue sous nos yeux selon les modalités inhabituelles et "aberrantes" de la démocratie jurisprudentielle et juridique. Il est vrai que l'on ne saurait être quitte de la démocratie sous sa seule version juridique et les progrès des institutions démocratiques "normales" (majoritaires)

---

[13] Richard Balme et *al., L'action collective en Europe*, Paris, Presses de Sciences Po, 2002, p. 111.

sont également nécessaires; la Convention y pourvoit d'ailleurs par ses esquisses institutionnelles pour l'Europe future. Mais si, comme l'affirme Dahl, la démocratie de grande échelle repose, à l'avenir, sur une mise en relation complexe d'unités démocratiques de petites tailles[14] (on pense ici au fédéralisme, à la subsidiarité), il est non moins vrai qu'elle se situera aussi à l'articulation de différents paradigmes démocratiques. La démocratie supranationale s'appuie sur une citoyenneté à plusieurs niveaux dans une communauté politique *(polity)* postwestphalienne[15]. Elle n'est pas la réplique de la démocratie nationale qui avait superposé, dans un but d'intégration des masses nouvellement citoyennes, une culture homogène à des institutions politiques, en d'autres termes, l'identité culturelle à l'identité politique. Or la "pertinence du postnational" (J.-M. Ferry) consiste à se demander quelles valeurs sont susceptibles de nous rassembler, malgré nos divergences culturelles, alors que nous sommes tous, déjà, des démocrates: c'est aussi le patriotisme constitutionnel d'Habermas. Cette idée n'est pas une abstraction généreuse: elle fonctionne dans le droit, médium *flexible* des interactions d'une société civile européenne matérialiste et vecteur démocratique du souci de contrôle des citoyens[16]. Elle est également à l'œuvre dans la *Constitution composée* de l'Europe, où s'expriment déjà de façon originale les niveaux nationaux et supranationaux de "pouvoir légitime[17]". Dans ce cadre, le peuple européen existe à partir de ses ancrages dans divers *demoi* nationaux. Il lui reste donc à proclamer sa Constitution.

***

Muriel Rouyer est docteur en science politique et maître de conférences en science politique à l'IEP de Paris. Ses recherches portent sur les

---

[14] R. A. Dahl, Edward R. Tufte, *Size and Democracy*, Londres, Oxford University Press, 1974, chap. 3.

[15] Selon l'expression d'Andrew Linklater. On peut aussi parler de *polity* postétatique, où l'Etat souverain n'est plus le seul acteur.

[16] Cf. J. Habermas, *Droit et démocratie. Entre faits et normes*, trad. de l'all. par Rainer Rochlitz et Christian Bouchindhomme, Paris, Gallimard, 1997.

[17] Les deux niveaux sont légitimes car ils ont été consentis par les citoyens européens. Les Constitutions ne se pensent plus sans leurs développements communautaires et le droit primaire ne s'explique plus non plus sans égard aux Constitutions nationales. On peut à cet égard parler d'un système constitutionnel unique fonctionnant de façon relativement flexible. Cf. Ingolf Pernice, Franz C. Mayer, "De la Constitution composée de l'Europe", *Revue trimestrielle de droit européen*, octobre-décembre 2000, p. 623-647.

processus de démocratisation dans l'Union européenne, la démocratie par le droit et la démocratie de grande échelle, le féminisme en France et dans l'Union européenne.

RESUME

    Partant d'hypothèses classiques de théorie de la démocratie exposées par Dahl et Sartori sur l'évolution historique des formes empiriques de l'idéal démocratique, la révolution démocratique européenne est conceptualisée sur la base d'un nouveau paradigme, la démocratie constitutionnaliste. Inspiré de la politique des droits américaine et implanté en Europe depuis 1945 avec le développement du rôle des cours, ce modèle de démocratie par le droit pourrait fournir un cadre d'analyse particulièrement adapté à l'UE. En effet, cet "Etat de droit supranational" bénéficie déjà de certains traits de légitimité démocratique du constitutionnalisme: respect et défense des droits fondamentaux par le juge, recours en justice des citoyens agissant comme une forme de contrôle *a posteriori* sur la décision publique. Si ces traits sont encore insuffisamment développés, ils constituent la trame d'une communauté politique aux valeurs communes, quoique disputées, dans les procédures pacifiques de la délibération juridique. Le projet d'une Constitution européenne formalise ainsi les promesses philosophiques du constitutionnalisme.

2.ª SESSÃO
Constituição Europeia e constituições nacionais

A "IDENTIDADE NACIONAL" DOS ESTADOS MEMBROS NA CONSTITUIÇÃO DA EUROPA *

Professor Doutor PETER BADURA
Faculdade de Direito da Universidade de Munique

SÍNTESE

1. **Poder constituinte europeu ou "tratado constitucional" dos Estados membros?**

A União Europeia possui capacidade para ter uma política autónoma e exercer um poder político supranacional. Assim, as bases jurídicas da Comunidade Europeia, adoptadas pela União Europeia, assentam nos tratados fundadores e estes, se forem analisados tendo por base o significado histórico de "constituição", são uma constituição para uma Comunidade de Direito ("Rechtsgemeinschaft").

O poder constituinte europeu – uma figura da jurisprudência que designa meramente a legitimidade de uma constituição – emana dos povos dos Estados, unidos na União (v. artigo 189.°, n.° 1, CE). De acordo com as especificidades da União como federação supranacional de Estados europeus, o caminho para atingir a ambição de dotar a União de um instrumento constitucional explícito aponta para um tratado constitucional federativo ("Verfassungsvertrag").

2. **A União Europeia como federação política e comunidade jurídica**

A política para a elaboração de uma constituição para a União Europeia tem a sua linha de orientação numa configuração federativa subjacente. O poder e vitalidade política da União dependem do poder e da vita-

---

* Tradução da responsabilidade do Goethe Institut Lissabon.

lidade política dos Estados membros, não da continuação de uma soberania auto-suficiente, mas muito mais de uma federação integrada com diferentes graus de unificação nas diferentes áreas políticas e na administração.

A União, com a sua estrutura supranacional de integração, é parte integrante do sistema e do processo constitucional dos Estados membros. Os poderes constitucionais dos Estados membros são a origem da legitimidade da União e dotam-na de um valor e de uma eficiência supranacional. Estes estabelecem a fronteira dos poderes comunitários que têm a sua expressão normativa no princípio da subsidiariedade.

Considerando a forma polimórfica e o modo de formação da União, o impacto da integração europeia tem de ter em conta as diferenças, quer em dimensão quer em população, dos Estados membros, bem como as estruturas federais e regionais de alguns deles.

3. O "equilíbrio institucional" dos órgãos na Comunidade Europeia

A realização da democracia, o parlamentarismo e o poder legislativo, na organização de uma entidade supranacional, não pode ter lugar pela mera transferência das ideias constitucionais utilizadas pelos Estados. A realização destas ideias nas instituições europeias é necessária, mas tem de ser atingida por disposições originais e específicas adaptadas às condições especiais sob as quais um governo de natureza supranacional é estabelecido e exercido.

A delimitação, forma e função do Conselho, do Parlamento e da Comissão e o respectivo equilíbrio institucional reflectem a integração específica da Europa e são a expressão adequada da federação supranacional dos Estados membros. Uma alteração substancial destes órgãos e do seu equilíbrio institucional conduziria a uma alteração da estrutura da União e da posição constitucional dos Estados membros.

4. A "identidade nacional" dos Estados membros no processo federativo da integração europeia

A interpretação do artigo 6.º, n.º 3, UE tem de ter em atenção, na criação dos poderes da Comunidade e da União, o respeito pelas constituições nacionais e a conformidade com as constituições nacionais. Por outro lado, a Constituição da Europa acaba por vir a ser um acto de integração – contratual –, pelo que incorpora necessariamente os princípios jurídicos ordinários e constitucionais dos Estados membros.

O respeito pela identidade nacional determina que a nacionalidade ("Staatlichkeit"), a autonomia constitucional ("Verfassungsautonomie"), a organização federal ou regional e as disposições sobre as relações culturais e religiosas sejam matéria reservada dos Estados membros e permaneçam como tal na União – no quadro dos princípios democráticos que regem os respectivos sistemas de governo. Em última análise, a expressão ambígua "identidade nacional" é uma referência à limitação federal da unificação dos poderes públicos nas mãos da União. Esta faz a correlação entre a base contratual da União e o princípio da subsidiariedade.

Lisboa, 15 de Maio de 2003.

A "identidade nacional" dos Estados membros na Constituição da Europa

1. Poder constituinte europeu ou "tratado constitucional" dos Estados membros?

Depois da Segunda Guerra Mundial, os Estados nacionais e os povos da Europa entram num processo de aprofundamento da integração europeia. Este processo originou um fortalecimento duradouro da paz e uma garantia de bem-estar e segurança, permitindo a manutenção da identidade nacional e da democracia nacional. Desde a criação da União, há dez anos, a integração foi alargada em 1997 em Amesterdão ao ser adoptada uma pretensiosa perspectiva de um "espaço de liberdade, de segurança e de justiça" (artigo 61.º CE, artigo 29.º UE). A evolução da cooperação entre os Estados membros, regulada por tratado, para um novo estilo de federação e para uma comunidade jurídica com um poder público e uma ordem judicial autónomos tem a sua origem nas lacunas dos Estados nacionais. O princípio motor e a legitimidade da União resultam do facto de o Estado, pela mera mobilização dos seus recursos vitais, ser incapaz de salvaguardar e garantir a liberdade, a justiça e o bem-estar, devido ao desenvolvimento económico e político na Europa e às relações globais. O sistema constitucional tradicional de governo ("Verfassungsstaat") entra numa nova era de uma ordem federativa constitucional para além dos Estados e da respectiva constituição. O Estado nacional "integrado" tem uma constituição "aberta" em virtude das diferentes cláusulas relativas à política de integração que foram introduzidas nas constituições nacionais, por exemplo o artigo 23.º da Constituição Alemã e o artigo 7.º, n.os 5 e 6, da Constituição Portuguesa.

A União Europeia possui capacidade para ter uma política autónoma e exercer um poder público supranacional. Assim, as bases jurídicas da Comunidade Europeia, adoptadas pela União Europeia, assentam nos tratados fundadores e estes, se forem analisados tendo por base o significado histórico de "constituição", são uma constituição para uma comunidade jurídica ("Rechtsgemeinschaft"). A União Europeia tem materialmente – e talvez em breve formalmente – uma constituição, uma lei fundamental, para organizar e restringir os seus poderes políticos e jurídicos. Não obstante, a União tem necessidade de um poder constituinte autónomo ("Verfassungsautonomie"), apoiado e legitimado por um órgão resultante da integração dos povos, com capacidade para legislar. O poder constituinte europeu – uma figura da jurisprudência que apenas designa a legitimidade da Constituição – emana do povo dos respectivos Estados unidos na União (s. v. artigo 189.º, n.º 1, CE). O objectivo avançado de uma intensificação da união política dos Estados da Europa funcionalmente num quadro normativo unificado (Jürgen Schwarze) só pode ser atingido por tratado e com fundamento na soberania popular, efectivamente organizada e em funcionamento nos Estados membros.

A progressão da concretização do aprofundamento da união dos povos da Europa (artigo 1.º, n.º 2, EU) pelos Tratados de Maastricht, Amesterdão e Nice estimulou ideias e tentativas de dotar a União de um instrumento constitucional explícito. De acordo com as particularidades da União como federação supranacional de Estados europeus, o caminho para estas aspirações constitucionais aponta para um tratado federativo constitucional ("Verfassungsvertrag"). O caminho não pode conduzir a uma legislação constituinte orientada para um modelo de Estado federal e seguir uma concepção de um poder constituinte directamente legitimado por uma soberania popular homogénea. A identidade nacional, integrada separadamente nos Estados membros, é por enquanto e permanecerá assim no futuro a base legal de uma constituição europeia. Mesmo nestas circunstâncias, qualquer instrumento constitucional que decorra da cooperação e de um tratado produzirá efeitos e consequências unitárias.

A "Declaração sobre o Futuro da União" anexa ao Tratado de Nice (2001) e a Declaração do Conselho Europeu de Laeken "O Futuro da Europa" (15 de Dezembro de 2001) estabeleceram o programa e os procedimentos para o projecto de constituição em curso. Os temas incluem uma nova delimitação das competências entre a União e os Estados membros, o estatuto jurídico da Carta de Direitos Fundamentais e, por último, uma reforma simplificadora e clarificadora dos tratados sem, porém, alterar o seu conteúdo – uma tarefa difícil. A ideia frequentemente mencionada é a de condensação num "tratado fundamental", que compreenda as principais características, instituições e normas da União. O Conselho, que dirige a Convenção segue esta linha no seu projecto de "Tratado de uma Constituição para a Europa" (Outubro 2002) e propõe como parte I "Estrutura da Constituição" e como parte II "As áreas de política e de execução das medidas da União".

Até agora a principal conclusão é que revestirá a forma de tratado constitucional uma forma que a Comissão também apoia na sua comunicação de Maio 2002 "Um projecto para a União Europeia".

2. A União Europeia como federação política e comunidade jurídica

A ideia para a elaboração de uma Constituição para a União Europeia tem as suas linhas de orientação numa configuração federativa subjacente. O enorme número de sentenças da jurisprudência alemã não consegue dissimular a questão estratégica. O poder e a vitalidade políticas da União dependem do poder e da vitalidade políticas dos Estados membros, não da continuação de uma soberania auto-suficiente, mas de uma federação integrada com diferentes graus de unificação nas diferentes áreas políticas e na administração. A política constitucional europeia não pode diminuir a complexidade da Comunidade por meio de noções abstractas e por construção intelectual autodefinida.

A União com a sua estrutura supranacional de integração é parte integrante do sistema e do processo constitucional dos Estados membros. Os poderes constitucionais dos Estados membros são a origem da legitimidade da União e dotam-na de um valor e de uma eficiência supranacional. Estes estabelecem a fronteira dos poderes da comunidade e têm a sua expressão normativa no princípio da subsidiariedade, regendo a protecção da ordem constitucional e das instituições nacionais contra actos debilitantes da União. "A chave do sucesso do trabalho numa constituição europeia assenta na observância e aplicação coerente do princípio da subsidiariedade" (Thomas Oppermann). A subsidiariedade é – num contexto constitucional – um princípio para decisões políticas, que permite flexibilidade e que dá latitude, e não uma medida de carácter estático.

Considerando a forma e a formação polimórfica da União, o impacto da integração europeia tem de levar em conta as diferenças, quer em dimensão quer em população, dos Estados membros. Os Estados membros mais pequenos têm de manter uma influência suficiente no processo de decisão da União, bem como competências e poderes substanciais para poderem alcançar a afirmação da sua identidade nacional. As novas disposições constitucionais não podem permitir uma exclusão prolongada, de qualquer Estado membro, dos cargos dos principais órgãos da União. Mais, o funcionamento da União tem de respeitar determinadas estruturas das organizações federais ou regionais de alguns Estados membros. Isto não é um mero ajustamento administrativo, mas uma característica substancial da respectiva identidade nacional.

Um tema dominante da política constitucional europeia é a delimitação exequível de matérias e de competências que pertencem, e continuarão a pertencer, à União. Os Estados membros conferiram à União amplas responsabilidades especialmente no campo da política e da administração económica e social e em algumas matérias de natureza judicial, segurança interna e polícia. O âmbito desta responsabilidade não seria, em áreas chave, compatível com uma enumeração fechada de temas individuais. Claro que há áreas de actividade que devem ser classificadas através de uma descrição explícita, porventura as áreas relacionadas com a cultura, a educação, a religião e a comunicação social. Mas o espaço para novas propostas é limitado. O acervo comunitário é o ponto de partida. O protocolo sobre a aplicação do princípio da subsidiariedade e da proporcionalidade acentua a "preservação plena do acervo comunitário e do equilíbrio institucional". Deve salientar-se que isto pode significar um obstáculo à integração da Carta de Direitos Fundamentais. A Carta adopta disposições, e não são poucas, de política social que podem incitar à tomada de medidas que estão para além das competências transferidas para a União. Por outro lado, o artigo 61.º, n.º 2, da Carta declara que esta não estabelece novas competências ou novas incumbências para a Comunidade e para a União e que também não altera as competências e as incumbências previstas pelos tratados.

Finalmente, a União pretende uma política externa e de segurança comum (artigos 11.º e seguintes da EU). Os objectivos, disposições e normas respeitantes a estas matérias permanecem no âmbito da cooperação intergovernamental. Parece dúbio pretender associar estas matérias ao quadro institucional da Comunidade Europeia. As ambições excedem a realidade e os requisitos da política.

3. O "equilíbrio institucional" dos órgãos na Comunidade Europeia

A União pode ter uma Constituição formal, mas esta Constituição não pode possuir determinados elementos essenciais das constituições dos Estados nacionais. A realização da democracia, o parlamentarismo e o poder legislativo, na organização de uma entidade supranacional, não pode ter lugar pela mera transferência das ideias constitucionais utilizadas pelos Estados. A realização destas ideias nas instituições europeias é necessária, mas tem de ser atingida por disposições originais e específicas adaptadas às condições especiais sob as quais um governo de natureza supranacional é estabelecido e exercido. A pedra angular destas condições é o facto de a União se fundar na existência e no funcionamento político e democrático dos Estados membros. A União assenta e depende dos princípios constitucionais dos Estados membros (artigo 6.º, n.º 1, EU).

O contorno dos órgãos da Comunidade e o respectivo equilíbrio institucional reflectem a especificidade da integração da Europa. Consequentemente, este não pode ser um campo para a improvisação ou para um realismo abstracto. O Conselho é, e tem de continuar a ser, o núcleo central da Comunidade. A Constituição alemã assume que o Conselho é o órgão político e legislativo decisivo (artigo 23.º, n.º 1, da Constituição alemã). Só através do Conselho fica garantida a legitimidade democrática indirecta através da representação parlamentar nacional. É bem claro que a Declaração de Nice reclama um papel para os parlamentos nacionais na "arquitectura da Europa". O Parlamento Europeu é, em virtude da sua participação na legislação e no orçamento europeu, a expressão do princípio democrático fundamental pelo qual os povos, através de uma assembleia de representantes, tomam parte na execução do poder público, apesar de o fazerem de forma limitada (TJCE 1980, Proc. C-138/79, 3333, n.º 33). No entanto, o Parlamento Europeu – enquanto a Europa não for um estado federal – não pode substituir ou prevalecer sobre os poderes políticos e legislativos do Conselho. Da mesma forma, não pode haver responsabilidade parlamentar do Conselho perante o Parlamento. A "democratização" da União, indo em princípio para além do respectivo equilíbrio institucional, ao conferir, por exemplo, poderes legislativos totais ao Parlamento Europeu, substituiria a arquitectura supranacional da União por uma construção de estado federal. Tal evolução constitucional produziria uma alteração substancial nos sistemas constitucionais nacionais incompatível com as disposições das constituições nacionais que permitem a integração.

O Conselho representa o elo nacional, não obstante os seus poderes e a responsabilidade supranacional. Em contrapartida, as funções da Comissão como órgão independente asseguram a autonomia do processo de integração. A Comissão representa a própria existência da Comunidade. A sua dependência, em parte, do Parlamento reflecte o progresso da integração Europeia. No entanto, seria enganador designar a Comissão como o executivo ou o governo da Comunidade. Os processos políticos da Comunidade não seguem o padrão nacional de governo versus oposição.

Algumas propostas constitucionais tentam construir a União como um estado federal com uma estrutura que adopta o princípio da separação entre o poder legislativo e o executivo. Estas propostas pressupõem um poder legislativo com duas câmaras constituídas por um parlamento unitário e por um conselho federativo em conjugação com um órgão executivo, a Comissão, e uma espécie de presidente europeu. Tais ideias só podem ser consideradas de forma séria, se existir uma concepção clara do papel e da responsabilidade dos Estados membros na União. O equilíbrio institucional do actual edifício da União assenta num quadro constitucional sólido que reflecte as exigências da integração europeia. Uma Constituição europeia não pode pôr de lado este sistema, cuidadosamente pensado e que já deu provas práticas, a favor de arranjos ambiciosos e sobranceiros, que não têm em atenção as bases em que assenta a União. O Tratado de Maastricht estabeleceu a instituição prudente do Conselho Europeu, dando à União o impulso necessário para o seu desenvolvimento e estabeleceu os objectivos políticos gerais para esse desenvolvimento (artigo 4.º UE). O que repõe o equilíbrio institucional dos órgãos da Comunidade.

4. A "identidade nacional" dos Estados membros no processo federativo da integração europeia

Para compreender o preceito que a União respeita a identidade nacional dos Estados membros, a interpretação tem de ter em atenção na criação de poderes da Comunidade. De Estado membro para Estado membro o estabelecimento e o desenvolvimento da Constituição da Europa só pode ser levado a efeito com respeito pelas constituições nacionais e de acordo com as respectivas constituições nacionais. Por outro lado, a Constituição da Europa acaba por vir a ser um acto de integração, pelo que inclui, necessariamente, as ideias jurídicas ordinárias e constitucionais dos Estados membros. A Constituição da Europa não é um produto artificial que rompa com a continuidade da tradição constitucional europeia. No caso da Alemanha, a constituição nacional obriga mesmo os órgãos legislativos a tomar parte no processo de integração europeia e a tornar a Alemanha num parceiro constituinte da Europa unificada, como federação supranacional. Este é um objectivo vinculativo previsto na Constituição nacional (artigo 23.º, n.º 1). Para qualquer Estado que se torne membro da União, a existência desta federação e o aprofundamento da integração dos povos da Europa no desenvolvimento da União são "exactamente a expressão da alteração da identidade nacional de todos os Estados membros". Mais, a nacionalidade não pode ser entendida como um "poder soberano absoluto ou abrangente para agir, mas apenas como uma nacionalidade integrada" (Meinhard Hilf). A identidade nacional dos Estados membros, consequentemente, não deve ser concebida como condição isolada em contraposição à União. A integração é uma progressão constitucional de esforços combinados.

Depois desta precaução, podemos imaginar o que a cláusula referente à identidade nacional prescreve ou pelo menos clarifica. Em sentido geral, acentua o compromisso essencial da União com o princípio federativo como elemento dominante da sua estrutura constitucional. Mais específica é a disposição no capítulo do Tratado CE que estabelece que a Comunidade contribui para o desenvolvimento das culturas dos Estados membros com o devido respeito pela sua diversidade nacional e regional, elevando simultaneamente a herança cultural comum (artigo 151.º CE).

A União tem como objectivo e é instrumento do bem-estar económico e social e, complementarmente, um conjunto de decisões e medidas políticas e administrativas. No entanto, foi principalmente concebida para assegurar a paz e ultrapassar a divisão do continente europeu através do estabelecimento de fundações sólidas para um modelo da Europa no futuro. A União tem uma finalidade política e as disposições constitucionais deste futuro incluem essencialmente a preservação da identidade nacional dos Estados membros. A jurisprudência do Tribunal Constitucional Federal *(Bundesverfassungsgericht)* reconheceu a enorme discrição dos órgãos legislativos no seu poder de decidir sobre a participação da Alemanha no processo de unificação e da integração europeia. O Tribunal definiu os limites desta participação na "identidade da ordem constitucional da República Federal da Alemanha" (TCF 73, 339/375 f.). Isto pode coincidir efectivamente com a fórmula da identidade nacional na legislação da União. E pode também coincidir com os limites escritos e não escritos das constituições dos outros Estados membros. A partir daqui, a interpretação pode concluir que o respeito pela identidade nacional exige que a nacionalidade, a autonomia constitucional, a organização e as disposições federais ou regionais sobre assuntos culturais e religiosos são matéria própria dos Estados membros e permanecem como matéria própria na União – no quadro dos princípios democráticos que regem os respectivos sistemas de governo. Em última análise, a expressão ambígua "identidade nacional" é uma referência à limitação federal de unificação dos poderes públicos nas mãos da União. Expressando a correlação entre a base contratual da União e o princípio da subsidiariedade.

Este não é um aspecto técnico de jurisprudência. A experiência histórica que temos demonstra que a associação política dos homens num

Estado é – não obstante as suas deficiências –, por enquanto, a única forma de criar e assegurar a liberdade, a justiça e o bem-estar. A integração europeia é uma nova forma de completar esta garantia através de uma comunidade federal. Esta comunidade restringe mesmo os poderes constitucionais dos Estados membros, mas deve a sua vida à preservação vital do núcleo constitucional dos Estados europeus.

Lisboa, 15 de Maio de 2003.

BIBLIOGRAFIA

Na área da jurisprudência constitucional alemã:

P. *Badura*, Bewahrung und Veränderung demokratischer und rechtsstaatlicher Verfassungsstruktur in den internationalen Gemeinschaften, VVDStRL 23, 1966.
id., Bewahrung und Veränderung demokratischer und föderativer Verfassungsprinzipien der in Europa verbundenen Staaten, Zeitschr. für Schweizer. Recht 109, 1990 I, S. 115.
id., Staat und Verfassung in Europa, in Festschrift für Yueh-Sheng Weng, 2002, Bd. 3, S. 1043.
R. *Bieber*, Steigerungsform der Europäischen Union: Eine Europäische Verfassung, in J. Ipsen u. a., Hrsg., Vefassungsrecht im Wandel, Festschrift für den Carl Heymanns Verlag, 1995, S. 291.
A. *von Bogdandy*, Zweierlei Verfassungsrecht. Europäisierung als Gefährdung des gesellschaftlichen Grundkonsenses, Staat 39, 2000, S. 163.
id., Beoachtungen zur Wissenschaft vom Europarecht, Staat 40, 2001, S. 1.
U. *Di Fabio*, Eine europäische Charta. Auf dem Weg zur Unionsverfassung, JZ 2000, 707.
U. *Everling*, Zur föderativen Struktur der Europäischen Gemeinschaft, in Festschrift für Karl Doehring, 1989, S. 179.
id., Die Europäische Union im Spannungsfeld von gemeinschaftlicher und nationaler Politik und Rechtsordnung, in A. von Bogdandy, Hrsg., Europäisches Verfassungsrecht, 2003, S. 847.
J. Abr. *Frowein*, Die Europäisierung des Verfassungsrechts, in Festschrift 50 Jahre Bundesverfassungsgericht, 2001, 1. Bd., S. 209.
D. *Grimm*, Braucht Europa eine Verfassung? JZ 1995, 581.
W. *Heyde*, Zur Diskusion über eine Verfassung für Europa und deren Inhalt, europablätter 2001, S. 168.
H. *Hilf*, Europäische Union und nationale Identität der Mitgliedstaaten, in Gedächtnisschrift für Eberhard Grabitz, 1995, S. 157.
P. *Kirchhof*, Der deutsche Staat im Prozeß der europäischen Integration, HStR, Bd. VII, 1992, § 183.
C. *Novak*, Welche Verfassung für Europa? DVBl. 2000, 326.

Th. Oppermann, Nationale Verfassungsautonomie und europanationale Bindung in der Europäischen Union, in U. Battis u. a., Hrsg., Das Grundgesetz im Prozeß europäischer und globaler Verfassungsentwicklung, 2000, S. 117.

id., Vom Nizza-Vertrag 2001 zum Europäischen Verfassungskonvent 2002/2003, DVBl. 2003, 1.

J. Pernice, Die Europäische Verfassung, in 16. Sinclair-Haus Gespräch, Mai 2001, S. 18.

G. C. Rodriguez Iglesias, Zur "Verfassung" der Europäischen Gemeinschaft, EuGRZ 1996, 125.

M. Rossi, Entwicklungsperspektiven der europäischen Verfassung im Lichte des Vertrags von Amsterdam, DVBl. 1999, 529.

H. H. Rupp, Europäische "Verfassung" und demokratische Legitimation, AöR 120, 1995, S. 269.

R. Scholz, Der Verfassungsstaat im Wandel: Europäisierung der Verfassung im Prozeß der Verfassung Europas, dargestellt am Beispiel des Grundgesetzes, in U. Battis u. a., Hrsg., Das Grundgesetz im Prozeß europäischer und globaler Verfassungsentwicklung, 2000, S. 21.

J. Schwarze, Auf dem Wege zu einer europäischen Verfassung – Wechselwirkungen zwischen europäischem und nationalem Verfassungsrecht, DVBl. 1998, 1677.

id. (ed.), Hrsg., Die Entstehung einer europäischen Verfassungsordnung, 2000.

CONSTITUIÇÃO E CONSTITUIÇÕES PERANTE A INTEGRAÇÃO EUROPEIA

Professor Doutor JORGE MIRANDA
Faculdade de Direito da Universidade de Lisboa

I

1. Constituição, no sentido rigoroso do termo, é Constituição do Estado e cada Estado possui uma Constituição como seu estatuto jurídico – quer dizer, enquanto ordenação fundamental da comunidade e do poder político. E daí um conteúdo irredutível, plasmado em direitos e deveres, fins, funções e competências em moldes sistemáticos e totalizantes.

A história mostra o desenvolvimento das formas de ser concretizada – desde as "leis fundamentais" do antigo regime à Constituição dos Estados Unidos e ao artigo 16.º da Declaração dos Direitos do Homem e do Cidadão, desde as Cartas oitocentistas aparentemente só orgânicas às constituições repletas de normas programáticas da actualidade, desde o governo representativo burguês à democracia representativa de pendor social.

Sabe-se também que Constituição pressupõe poder constituinte e que poder constituinte pressupõe um titular – que, hoje, em face da concepção de legitimidade dominante, é o povo, a própria comunidade substrato de Estado. É cada povo, em cada momento, que faz as opções básicas da sua vida colectiva – políticas, económicas e sociais – através do exercício do poder constituinte. E para qualquer novo Estado dos muitos surgidos a seguir a 1945 ter uma Constituição representa um dos símbolos mais caros da sua independência.

Finalmente, sabe-se que, pela função ordenadora que exerce e pela origem no poder constituinte, a Constituição aparece dotada de supremacia sobre todas as leis e sobre os demais actos produzidos pelo Estado ou vigentes no Estado, que uma norma que a contrarie é inválida ou ineficaz e que para garantia da constitucionalidade existem mecanismos crescentemente aperfeiçoados, sejam de fiscalização difusa, sejam de fiscalização concentrada em tribunais constitucionais ou órgãos homólogos.

2. Mesmo se, em sentido próprio, a Constituição se revela incindível de Estado, não pode negar-se ser possível tomar o termo numa acepção lata e menos rigorosa, de maneira a corresponder às formas organizativas de qualquer entidade colectiva – uma associação privada ou uma associação pública, uma sociedade comercial, uma região autónoma, uma organização internacional.

Sim, os estatutos estão para uma associação, ou o pacto social para uma sociedade, ou um estatuto político-administrativo para uma região autónoma, ou o tratado constitutivo para uma organização internacional ou entidade afim, como a Constituição em sentido estrito para o Estado. Porque são esses diplomas que definem, estruturam, *constituem* tais formações jurídicas e porque é de harmonia com os seus princípios e as suas regras que se desenrola a actividade dos órgãos que eles próprios criam.

Poderá ainda falar-se numa extensão dos fenómenos constitucionais no âmbito do Direito internacional por outro motivo: por causa do *jus cogens* (consignado expressamente na Convenção de Viena do Direito dos Tratados) como acervo de princípios que se impõem aos Estados, sob pena de nulidade de qualquer norma que o infrinja. De entre tais princípios contam-se o da autodeterminação, o da solução pacífica de conflitos, o do respeito da dignidade da pessoa humana, o da boa fé, o da responsabilidade por acto ilícito.

E há uma significativa diferença entre o *jus cogens* e os tratados constitutivos de organizações internacionais. O *jus cogens*, assente ou não no direito natural (conforme se entenda), vale por si. Aqueles tratados, mesmo se ostentam especificidades de relevo, dependem sempre dos Estados partes na sua celebração e na sua modificação, e não gozam da originariedade característica das constituições estatais.

3. Não haverá, pois, perante a integração europeia fenómenos constitucionais, paraconstitucionais ou pré-constitucionais? Não haverá um direito constitucional da integração comunitária europeia?

A resposta é a seguinte: Direito Constitucional da integração europeia pode respeitar a uma parcela do Direito Constitucional de cada Estado membro das Comunidades e da União Europeia ou pode respeitar a uma parcela do Direito Comunitário (do Direito Comunitário institucional), mas só pode falar-se em Constituição ali, e não aqui.

4. Em primeiro lugar, o Direito Constitucional Europeu é o Direito Constitucional interno respeitante à integração europeia.

Nele se compreendem as normas constitucionais que, em qualquer Estado membro das Comunidades e da União Europeia, definem o modo como ele aí participa e sofre o seu impacto – designadamente as normas, explícitas ou implícitas, que autorizam a integração nas Comunidades e na União, que coordenam a ordem jurídica interna com a ordem jurídica comunitária, que concedem direitos a cidadãos dos demais Estados comunitários, que prevêem transformações na organização económica e social, que afectam as competências ou determinam competências novas dos órgãos do poder político.

Senão a própria pertença às Comunidades, pelo menos os sucessivos passos no sentido da União, para maior integração, têm pressuposto sempre revisão constitucional ou mutação tácita da Constituição. E tudo está então em saber até onde se pode ir com respeito dos seus limites materiais[1]; até onde é que pode ir a "delegação", a "transferência" ou " o exercício em comum de poderes de soberania" sem se mudar de Constituição ou de Estado.

Por certo, a erosão da soberania clássica não decorre só deste processo. Vem, desde há muito, da institucionalização crescente da sociedade internacional e, em especial, das Nações Unidas, de múltiplas organizações regionais e de tratados como a Convenção Europeia dos Direitos do Homem e do Tribunal Penal Internacional. Mas não menos seguro é que nenhum outro exemplo se conhece até agora de implicações constitucionais tão directas e intensas provenientes de actos de Direito internacional como as ligadas à integração comunitária europeia[2].

---

[1] Cf. JORGE MIRANDA, *Manual de Direito Constitucional*, II, 5.ª ed., Coimbra, 2003, págs. 198 e segs.

[2] Cf., de vários quadrantes, ALBRECHT WEBER, *The Supranationality Problem*, in *Rights, Institutions and Impact of International Law according to the German Basic Law*, obra colectiva, Baden-Baden, 1987, págs. 225 e segs.; MASSIMO LUCIANI, *La Costituzione Italiana e gli ostacoli all'integrazione europea*, in *Politica del Diritto*, 1992, págs. 557 e segs.; SANTIAGO MUÑOZ MACHADO, *La Unión europea y las mutaciones del Estado*, Madrid, 1993; *Les Constitutions nationales à l'épreuve de l'Europe*, obra colectiva, Paris, 1993; PABLO PÉREZ TREMPS, *Constitución Española y Comunidad Europea*, Madrid, 1993; THIBAUT DE BÉRANGER, *Constitutions nationales et construction communautaire*, Paris, 1995; o número de Outubro-Dezembro de 1995 da *Revista de Estudios Políticos;* MARTA

5. Considerando os quinze Estados membros das Comunidades, a observação das suas constituições, nos respectivos textos actuais, permite descortinar dois diferentes modos de tratamento da integração europeia.

Há constituições em que esse tratamento radica em cláusulas gerais de autorização de restrições ou de delegações ou transferências de poderes de soberania: as da Bélgica (artigo 34.º), do Luxemburgo (artigo 49.º-bis), da Itália (artigo 11.º), da Dinamarca (artigo 20.º), da Grécia (artigo 28.º), da Espanha (artigo 93.º), da Holanda (artigo 92.º) e da Finlândia (artigo 33.º-A).

E há constituições com cláusulas específicas: as da Áustria (artigos 23.º-A a 23.º-F), da Irlanda (artigo 29.º), da Alemanha (artigo 23.º), da França (artigos 81.º-1 a 81.º-4), de Portugal (artigo 7.º, n.º 6) e da Suécia (artigo 5.º do capítulo das relações com outros Estados). Porém, na Irlanda, em Portugal e na Suécia essas cláusulas específicas inserem-se num contexto global das relações internacionais, ao passo que na Áustria, na Alemanha e na França surgem autonomizadas.

Na Grã-Bretanha, com as suas características únicas, foi feita uma lei, materialmente constitucional, aquando da adesão às Comunidades.

6. No caso português, ainda antes da adesão, já uma norma constitucional fora introduzida nessa perspectiva: foi a do artigo 8.º, n.º 3, relativa ao Direito derivado de organizações internacionais. Ainda que extensivo ao Direito criado por quaisquer organizações internacionais que satisfaçam as suas exigências (como, em certos termos, a ONU e algumas das organizações especializadas da sua "família"), este novo preceito foi pensado e querido com vista à próxima vigência das normas comunitárias na ordem interna portuguesa.

A revisão ocorrida em 1989 iria bem mais longe. Mais do que um novo preceito do artigo 7.º sobre o reforço da identidade europeia e o fortalecimento da acção dos Estados europeus – e cujo âmbito vai para além

---

CARTABIA, *Principi inviolabili e integrazione europea,* Milão, 1995; FEDERICO SORRENTINO, *Profili costituzionali dell'integrazione comunitaria,* Turim, 1996; ANTONIO LÓPEZ CASTILLO, *Constitución y integración,* Madrid, 1996; *Les Etats membres de l'Union Européenne,* obra colectiva, Paris, 1997; JOËL RIDEAU, *L'Europe dans les Constitutions des Etats membres de l'Union Européenne,* in *Perspectivas Constitucionais,* obra colectiva, II, Coimbra, 1997, págs. 17 e segs.; FRANCISCO LUCAS PIRES, *"Competência das Competências": Competente, mas sem Competência?,* in *Revista de Legislação e de Jurisprudência,* 3885, Abril de 1998, págs. 354 e segs., e *O factor comunitário no desenvolvimento constitucional português,* in *Os 20 Anos da Constituição de 1976,* obra colectiva, Coimbra, 2000, págs. 215 e segs.

das Comunidades – ela trouxe a constitucionalização de um órgão comunitário, o Parlamento Europeu [nos artigos 136.º, alínea *b*), e 139.º, n.º 3, alínea *c*), a propósito de matérias eleitorais][3-4]. Terá sido a primeira vez que um órgão próprio de uma instituição internacional adquiriu relevância no interior de uma Constituição estatal[5].

A assinatura do Tratado de Maastricht conduziria a uma terceira revisão constitucional, donde resultaria um n.º 6 do artigo 7.º, deste teor: "Portugal pode, em condições de reciprocidade, com respeito pelo princípio da subsidiariedade e tendo em vista a realização do princípio da coesão económica e social, convencionar o exercício em comum dos poderes necessários à construção da união europeia." Ao mesmo tempo eliminou-se, no artigo 105.º (hoje 102.º), o exclusivo da emissão de moeda pelo Banco de Portugal.

Ao artigo 15.º aditar-se-ia um n.º 5, pelo qual a lei poderia atribuir, em condições de reciprocidade, a cidadãos de Estados membros da União Europeia residentes em Portugal o direito de elegerem e serem eleitos Deputados ao Parlamento Europeu. Já em 1989, o n.º 4 previa algo de semelhante, quanto a qualquer estrangeiro, nas eleições dos órgãos de poder local.

As outras duas alterações ligadas a Maastricht – as novas alíneas *f*) do artigo 166.º (hoje 163.º) da Constituição e *i*) do artigo 201.º, n.º 1 (hoje 198.º, n.º 1) – versam sobre as competências relativas da Assembleia da República e do Governo no domínio da política comunitária.

A revisão constitucional de 1997, a despeito da sua extensão, não trouxe modificações relevantes no quadro das relações entre a União e o Estado Português. Salvo uma pequena alteração do artigo 102.º, versou, sim, sobre os poderes recíprocos dos órgãos do Estado e das regiões autónomas relativos à integração [novos artigos 112.º, n.º 9, 161.º, alínea *n*), 164.º, alínea *p*), e 227.º, n.º 1, alíneas *x* e *v*)].

---

[3] Além disso, a segunda revisão constitucional retirou do artigo 8.º, n.º 3, o advérbio "expressamente".

[4] Em 1997, o artigo 136.º passaria a ser o artigo 133.º, mas a referência expressa ao Parlamento Europeu no artigo 139.º (agora 136.º) seria eliminada por causa da menção genérica de actos eleitorais.

[5] Todavia, curiosamente, a constitucionalização do Parlamento Europeu foi feita não tanto por razões de integração comunitária quanto para dissipar dúvidas sobre a sujeição da eleição de deputados portugueses aos princípios gerais de direito eleitoral consignados na Constituição: v. o nosso artigo "A questão da lei eleitoral para o Parlamento Europeu", in *Estudos de Direito Eleitoral*, Lisboa, 1995, págs. 128 e segs.

Ao invés, a revisão de 2001 (provocada pelo Tribunal Penal Internacional) incidiu, e não pouco, sobre aquele quadro. Em primeiro lugar, no artigo 7.º, n.º 6, passou a aludir-se a "um espaço de liberdade, segurança e justiça" e também a exercício "em cooperação" dos poderes necessários à construção da União Europeia. Em segundo lugar, num novo artigo 33.º, n.º 5, passou a consentir-se a dispensa das garantias relativas à expulsão e à extradição, excepto no domínio da pena de morte, por efeito da "aplicação das normas de cooperação judiciária penal estabelecidas no âmbito da União Europeia" – o que representa uma derrogação constitucional algo precipitada.

7. O artigo 7.º, n.º 6, pela sua importância nuclear, justifica uma consideração mais atenta.

A norma situa-se no âmbito das relações internacionais do Estado, como já se observou. E não substitui o n.º 5, o qual subsiste. E isto significa que Portugal não só continua a tomar a política europeia como um aspecto da sua política externa como ainda não a confina às Comunidades e à União Europeia.

A fórmula "convencionar" implica que apenas por tratado, e não por qualquer decisão de órgãos comunitários, é que se pode estabelecer o "exercício em comum ou em cooperação" de quaisquer poderes. E esta referência a "exercício" parece apontar para uma ideia de delegação, e não de transferência ou de renúncia.

Além disso, sob a forma de cláusulas gerais com conceitos indeterminados, prescrevem-se três elementos:

a) O requisito de reciprocidade relativamente ao "exercício em comum dos poderes" – quer dizer, de igualdade em face dos demais Estados envolvidos no processo[6];

b) A exigência de respeito pelo princípio da subsidiariedade como limite material a esse exercício em comum;

c) O objectivo programático da coesão económica e social.

Um conflito bem provável de interpretações pode, entretanto, conjecturar-se a respeito desse princípio de subsidiariedade entre o nosso Tribunal Constitucional – guardião das normas constitucionais portuguesas, entre as quais, portanto, o artigo 7.º, n.º 6 – e o Tribunal de Justiça das

---

[6] Não se trata, naturalmente, de reciprocidade na acepção clássica do Direito internacional das relações bilaterais.

Comunidades – guardião do Direito Comunitário e constantemente voltado para uma visão "comunitarista" e até "federalista". Como será ele resolvido[7]?

8. Resta notar que, não existindo constitucionalmente nenhuma obrigação de pertença às Comunidades e à União Europeia, Portugal poderá – embora seja hipótese extremamente remota – delas se retirar sem revisão constitucional.

O artigo 7.º, n.º 6, apenas prevê, como acaba de se ver, uma faculdade e todos os outros preceitos concernentes à integração ou a pressupõem[8] ou são-lhe consequentes. Se Portugal, nessa tal hipótese, porventura viesse a desvincular-se – o que teria de ser feito de acordo com as regras gerais de Direito internacional e respeitados os procedimentos constitucionais internos – esses preceitos – pura e simplesmente caducariam[9].

---

[7] Cf. LUCAS PIRES (*União Europeia: um poder próprio ou delegado?*, in *A União Europeia*, pág. 154), para quem a subsidiariedade é um critério de repartição vertical do poder também de inspiração tipicamente federal, pelo menos na versão que reveste na Constituição alemã. Tal critério aponta para um acantonamento de competências em que o Estado é um patamar entre outros. O que é que tal princípio pode significar senão a impossibilidade de o Estado nacional ultrapassar o nível de subsidiariedade, que é definido *ex ante* e em comum, aliás, com a sua própria participação? A subsidiariedade inscrita no Tratado só pode, de facto, revelar, além do mais, que o poder de delimitação das fronteiras respectivas de competência entre a Comunidade e os Estados já não está à disposição destes últimos e entronca no Tratado. Cf., recentemente, para todos, MARGARIDA D'OLIVEIRA MARTINS, *O princípio da subsidiariedade em perspectiva jurídico-política*, Coimbra, 2003.

[8] Cf. MARIA LUÍSA DUARTE, *União Europeia e consulta referendária – a propósito do acórdão n.º 532/98 do Tribunal Constitucional*, in *Direito e Justiça*, 1998, n.º 2, págs. 66 e segs.

[9] Sobre o problema da constituição europeia, v., entre tantos, MARIO ALBERTINI, *L'unificazione europea e il potere costituente*, in *Il Politico*, 1986, págs. 199 e segs.; FRANCISCO LUCAS PIRES, *A caminho de uma constituição política europeia?*, in *Análise Social*, n.º 118-119, 1992, págs. 725 e segs., *União Europeia: um poder próprio ou delegado?*, Coimbra, 1994, e *Introdução ao Direito Constitucional Europeu*, Coimbra, 1997; PIETRO GIUSEPPE GRASSO, *Diritto Costituzionale e Diritto CEE*, in *Scritti in onore di Pietro Virga*, I, obra colectiva, Milão, 1994, págs. 951 e segs.; ALEC STONE, *What is a Supranational Constitution? An Essay in International Relations Theory*, in *The Review of Politics*, Verão de 1994, págs. 441 e segs.; MANUEL MEDINA, *Hacia una Constitución Europea*, Valhadolide, 1994; *Vers un droit constitutionnel européen. Quel droit constitutionnel européen?*, actas de colóquio, in *Revue Universelle des Droits de l'Homme*, 1995, págs. 357 e segs.; MARIA LUISA FERNANDEZ ESTEBAN, *La Corte di Giustizia quale elemento essenziale nella definizione di Costituzione Europea*, in *Rivista Italiana di Diritti Pubblico Comunitario*, 1996, págs. 221 e segs.; DIETER GRIMM, *Una Costituzione per l'Europa?*, in *Il futuro della*

9. Noutra acepção, Direito Constitucional Europeu vem a ser a parte do Direito Comunitário que conforma, em moldes aproximáveis a constitucionais, as Comunidades e a União Europeia; equivale ao Direito Comunitário *primário* ou *originário*, contraposto ao Direito Comunitário *derivado*[10].

É o que fazem os seus tratados institutivos ao prescreverem princípios e objectivos, ao traçarem as relações entre a União e os Estados membros, ao estabelecerem um sistema de órgãos, ao definirem atribuições e competências e ao consagrarem mecanismos de garantia.

No entanto, essa similitude não é exclusiva destes tratados; ela encontra-se em todos os tratados constitutivos de organizações internacionais, enquanto – independentemente da sua maior ou menor complexidade – neles reside o fundamento de validade dos actos dos seus órgãos e deles advêm limitações à liberdade de decisão jurídico-internacional dos Estados membros[11]. Sem deixarem de se situar *de pleno* no Direito internacional, tais tratados desempenham uma função constitucional ou paraconstitucional, porque estruturante e condicionante de outros actos, procedimentos e normas.

Costituzione, obra colectiva, Turim, 1996, págs. 339 e segs.; GIAN ENRICO RUSCONI, *Quale "democrazie costituzionale"? La Corte Federale nella política tedesca e il problema della Costituzione Europea*, in *Rivista Italina di Scienza Giuridiche*, Agosto de 1997, págs. 273 e segs.; CARLA AMADO GOMES, *A natureza constitucional do Tratado da União Europeia*, Lisboa, 1997; LORENZA VIOLINI, *Prime considerazioni sul concetto di "Costituzione Europea" alla luce dei contenuti delle vigenti Carte Costituzionali*, in *Rivista Italiana di Diritto Pubblico Comunitario*, 1998, págs. 1225 e segs.; JEAN-CLAUDE PIRIS, *L'Union Européenne a-t-elle une Constitution? Lui en faut-il une?*, in *Revue Trimestrielle de Droit Européen*, 1999, págs. 599 e segs.; NEIL MAC CORMICK, *Democracy and Subsidiarity*, in *Diritto Pubblico*, 1999, págs. 49 e segs.; JÜRGEN HABERMAS, *Après l'Etat-nation*, trad., Paris, 1999, máxime págs. 104 e segs.; MIGUEL POIARES MADURO, *A crise existencial do constitucionalismo europeu*, in *Colectânea de Estudos em Homenagem a Francisco Lucas Pires*, obra colectiva, Lisboa, 1999, págs. 201 e segs., e *O superavit democrático europeu*, in *Análise Social*, n.º 158-159, Primavera-Verão de 2001, págs. 119 e segs.; ANA MARIA GUERRA MARTINS, *A natureza jurídica da revisão do Tratado da União Europeia*, Lisboa, 2000.

[10] Cr. JOËL RIDEAU, *Droit Institutionnel de l'Union et des Communautés Européennes*, 3.ª ed., Paris, 1999, págs. 101 e segs.; RUI DE MOURA RAMOS, *Das Comunidades à União Europeia*, 2.ª ed., Coimbra, 1999, págs. 69 e segs.; JOÃO MOTA DE CAMPOS, *Manual de Direito Comunitário*, Lisboa, 2000, págs. 275 e segs.

[11] Cf. RICARDO MONACO, *Le caractère constitutionnel des actes institutifs d'organisations internationales*, in *Mélanges offerts à Charles Rousseau*, obra colectiva, Paris, 1974, págs. 153 e segs.; ou NGUYEN QUO DINH, PATRICK DAILLER e ALAIN PELLET, *Droit International Public*, 6.ª ed., Paris, 1997, págs. 573 e segs.

De resto, os constitucionalistas, ao estudarem a temática da Constituição, encaram-na também cada vez mais na perspectiva das relações internacionais, dos grandes espaços económicos e políticos e da globalização. Com a criação das Nações Unidas, à escala mundial, e o posterior aparecimento de formas variadas de organizações internacionais e da União Europeia deixou de ser possível considerar o estudo da Constituição, independentemente de diferentes formas de inserção internacional dos Estados[12].

10. Um sector doutrinário importante tem defendido a existência de uma Constituição europeia ou a afirmação de um poder constituinte europeu em face do Tratado de Maastricht (e, eventualmente, dos de Amesterdão e Nice), ou que, a não ser assim, se estaria, consoante as ópticas, num momento de *pré-constituição* ou de constituição *transnacional*.

Na nossa maneira de ver, embora se possa falar em Direito Constitucional Europeu na segunda acepção (ou seja, no sentido lato em que se fala em Direito Constitucional das Nações Unidas, do Mercosul, da Liga Árabe, da Organização Internacional do Trabalho, etc.), a Constituição europeia não participa da natureza de Constituição no sentido nascido no século XVIII, na Europa e na América. Nem tão-pouco se manifestou até hoje um poder constituinte europeu que possa considerar-se da mesma natureza do poder constituinte exercido no interior de cada Estado.

Não existe um povo europeu que seja titular desse poder constituinte; há, sim, um conjunto de povos europeus e é a eles que corresponde o Parlamento Europeu. Nem há cidadãos europeus[13]; há cidadãos de diferentes Estados europeus – aos quais são atribuídos certos direitos económicos e políticos comuns e nisto consiste, justamente, aquilo a que se chama cidadania europeia (sempre dependente ou consequente da cidadania própria de cada Estado comunitário)[14].

11. Longe de serem actos fundadores de uma entidade política *a se*, autovalidantes, todos os tratados de integração europeia, desde os dos anos 50 até ao Acto Único Europeu e aos Tratados de Maastricht, de Amesterdão e de Nice tiveram de percorrer, a nível interno dos vários países, procedimentos de aprovação e ratificação perfeitamente idênticos àqueles a

---

[12] Cf., por todos, GOMES CANOTILHO, *Direito Constitucional e Teoria da Constituição*, 6.ª ed., Coimbra, 2003, págs. 1353 e segs.

[13] Apesar da infeliz rubrica do artigo 15.º da Constituição Portuguesa após 1992.

[14] Cf. JORGE MIRANDA, *Manual...*, III, 5.ª ed., Coimbra, 2003, págs. 198 e segs., e autores citados.

que estão sujeitos quaisquer outros tratados internacionais. E, por isso, não é muito relevante a intervenção prevista dos órgãos comunitários nas suas modificações[15].

Por outro lado, a necessidade de prévia alteração de algumas constituições dos Estados membros é sinal de que esses tratados não equivalem a uma constituição, porque, de outro modo, ela não teria sido necessária[16]. Se equivalessem a uma constituição, aprovados e entrados em vigor, impor-se-iam por si próprios e as suas normas prevaleceriam sobre as normas constitucionais, as quais seriam declaradas "inconstitucionais" ou "ilegais", "inválidas" ou "nulas" por contradição com normas de grau superior, e nada disso se verificou.

Talvez só se atingisse um estádio constitucional, talvez só houvesse exercício de um poder constituinte a nível europeu se, celebrado um novo tratado, não tivesse de haver unanimidade para a sua aprovação e a sua ratificação, podendo ele entrar em vigor, inclusive, em Estados que não o tivessem aprovado ou ratificado (foi o que aconteceu nos Estados Unidos, onde bastou a ratificação por parte de nove dos treze primeiros Estados fundadores para que a Constituição federal entrasse em vigor).

Mas, curiosamente, a Carta das Nações Unidas prevê formas de modificação do respectivo texto bem mais "constitucionais" do que os processos de alteração previstos nos tratados europeus. Pois, sejam aprovadas em Conferência Geral dos membros da Organização, sejam aprovadas pela Assembleia Geral, as alterações à Carta desde que ratificadas por dois terços dos Estados e pelos cinco Estados membros permanentes do Conselho de Segurança, obrigam todos os Estados, mesmo os que tenham votado contra (cf. artigos 108.º e 109.º). E ninguém diz que a Carta seja uma constituição de tipo estatal.

12. Por extensão da temática dos limites materiais da revisão constitucional a nível interno, alguma doutrina tem vindo a falar em limites materiais de revisão dos tratados europeus – entre os quais, o primado do Direito Comunitário, a proibição de retrocesso relativa aos avan-

---

[15] Neste sentido, MARIA LUÍSA DUARTE, *A teoria dos poderes implícitos e a delimitação de competências entre a União Europeia e os Estados membros,* Lisboa, 1997, págs. 213 e segs e 357 e segs. Diversamente, ANA MARIA GUERRA MARTINS, *op. cit.,* págs. 627 e segs.

[16] É exactamente o mesmo que se passou com o tratado constitutivo do Tribunal Penal Internacional.

ços para a integração, o princípio da subsidiariedade ou o respeito pelos direitos fundamentais[17].

Ainda assim, não é por se admitir a existência de limites materiais à revisão dos tratados europeus que esses tratados se convertem em verdadeiras e próprias constituições, já que, também em relação a tratados institutivos de organizações internacionais, pode sempre falar-se em limites materiais de revisão como exigência da identidade e da continuidade desses tratados, e, em geral, tanto as reservas a tratados como as modificações de tratados multilaterais entre duas ou mais das suas partes só são admissíveis quando compatíveis com o seu objecto e o seu fim [artigos 17.º, alínea c), e 41.º, n.º 1, alínea b), II, da Convenção de Viena de 1969].

Recorde-se que a Convenção de Montego Bay, de Direito do Mar, de 1982, a propósito da Autoridade para os Fundos Marinhos, prescreve que qualquer revisão deve respeitar alguns princípios como o da consideração de alto mar como património comum da Humanidade ou da respectiva utilização para fins pacíficos. Tal como frente à Carta das Nações Unidas, pode falar-se em limites materiais: o princípio da igualdade jurídica dos Estados, o princípio da solução pacífica dos conflitos, o princípio da prevalência do Conselho de Segurança em relação à Assembleia Geral nas questões respeitantes à manutenção da paz e da segurança internacionais, ou a obrigatoriedade das decisões do Tribunal Internacional de Justiça.

---

[17] Cf. JOSÉ LUÍS DA CRUZ VILAÇA e NUNO PIÇARRA, *Y-at-il des limites matérielle à la révision des traités instituant les Communautés Européennes*, in *Cahiers de Droit Européen*, 1993, págs. 3 e segs.; MARIA LUÍSA DUARTE, *op. cit.*, págs. 369 e segs.; ANA MARIA GUERRA MARTINS, *op. cit.*, págs. 504 e segs.

O PRINCÍPIO DA SUBSIDIARIEDADE E A NOVA PROPOSTA DE PROTOCOLO [*]

Professora Doutora ELEANOR SPAVENTA
Faculdade de Direito da Universidade de Cambridge

1. Introdução

O debate sobre o princípio da subsidiariedade é um debate de natureza constitucional que reflecte preocupações sobre a forma como a competência da Comunidade é exercida, bem como uma preocupação mais vasta sobre a falta de responsabilização no processo legislativo. Há um sentimento generalizado de que a União não possui um processo de controlo eficaz que garanta o respeito pelo princípio, sendo assim deixado à boa vontade das instituições europeias e à fiscalização, de alguma forma insuficiente, dos parlamentos nacionais, nos termos das respectivas disposições nacionais. Por este motivo, o mandato conferido ao Grupo de Trabalho I relativo à subsidiariedade identificava como a principal área de investigação a possibilidade de criar novos processos de controlo. Reconhecendo que o princípio é sobretudo político, o mandato referia diversos mecanismos não judiciais passíveis de garantir a conformidade com o princípio: a criação do(a) Sr.(ª) Subsidiariedade a quem seria cometida a tarefa; a possibilidade de envolver os Parlamentos nacionais quer incluindo-os no processo legislativo (tal como permitir o assento no Conselho a representantes dos Parlamentos nacionais), quer melhorando o controlo sobre as posições tomadas pelos governos; a possibilidade de criar um organismo *ad hoc* novo com competência para efectuar o controlo do respeito pelo princípio da subsidiariedade. O mandato também mencionava a possibilidade de melhorar a fiscalização judicial identifi-

---

[*] Tradução da responsabilidade do British Council.

cando diversas soluções possíveis, tais como criar uma câmara de subsidiariedade no TJE; estabelecer uma forma de cooperação entre o TJE e os tribunais constitucionais nacionais; alargar a jurisdição do Tribunal de modo a permitir também a fiscalização sobre os títulos V e VI do Tratado UE (Segundo e Terceiro Pilares); possibilidade de promover uma fiscalização *ex ante;* alteração do artigo 230.º CE de modo a conceder assento aos Parlamentos nacionais, ou ao organismo *ad hoc* que fosse instituído para o efeito e ainda ao Comité das Regiões. O Grupo de Trabalho apresentou agora o projecto de Protocolo sobre Subsidiariedade e Proporcionalidade. A principal inovação proposta pelo Grupo de Trabalho refere-se a um novo processo que concede aos Parlamentos nacionais a possibilidade de apresentar pareceres fundamentados sobre a conformidade da legislação proposta com o princípio da subsidiariedade.

Esta comunicação começará por analisar a situação actual para depois se debruçar sobre o sistema proposto pelo Grupo de Trabalho.

2. A origem do princípio

O princípio da subsidiariedade foi estabelecido, pela primeira vez, no Acto Único Europeu relativamente ao exercício da competência da Comunidade em matéria ambiental[1]. Foi introduzido como princípio geral em 1992, no artigo 5.º do Tratado CE (antigo artigo 3.ºb), que estabelece que em matérias de competência não exclusiva "A Comunidade intervém apenas, [...], se e na medida em que os objectivos da acção visada não possam ser suficientemente alcançados pelos Estados membros e possam, devido à dimensão ou aos efeitos da acção prevista, ser melhor alcançados a nível comunitário". O artigo 5.º implica também o princípio da proporcionalidade de acordo com o qual "A acção da Comunidade não deve exceder o necessário para atingir os objectivos do Tratado".

---

[1] A bibliografia sobre subsidiariedade é copiosa. Ver, por exemplo, G. De Burca "Reavaliação do significado da subsidiariedade depois de Amesterdão", Comunicação de Jean Monnet, *http://www.jeanmonnetprogram.org/papers/99/990701.html*, e "O princípio da subsidiariedade e o Tribunal de Justiça como actor institucional" (1998), *Journal of Common Market Studies,* 217-235; N. MacKormick "Problemas de Democracia e Subsidiariedade" (2000), EPL 531-542.

O Tratado de Amesterdão introduziu o Protocolo sobre a aplicação dos princípios da subsidiariedade e da proporcionalidade[2], que prevê *inter alia* que:

– A legislação proposta deverá conter os fundamentos que justifiquem a sua conformidade com os princípios da subsidiariedade e da proporcionalidade e ser substanciada em critérios qualitativos e sempre que possível quantitativos;

– A Comissão fundamentará as suas propostas tendo em atenção o princípio da subsidiariedade;

– A Comissão apresentará um relatório anual sobre a aplicação do princípio da subsidiariedade.

Sente-se que há grande cepticismo sobre se o princípio da subsidiariedade tem tido um reflexo real na prática legislativa comunitária. Se é um facto que cabe à Comissão fundamentar as suas propostas de acordo com o princípio, e aos membros do conselho fiscalizar se as propostas da Comissão o cumprem efectivamente, a verdade é que tal nem sempre acontece.

3. Subsidiariedade e a Comissão

Nos seus relatórios anuais, a Comissão está sempre ansiosa por acentuar o quanto o número de propostas legislativas apresentadas nos últimos dez anos tem diminuído significativamente (de 797 em 1990 para 316 em 2002). No entanto, a própria Comissão admite que aqueles números podem ser enganadores, uma vez que também reflectem o facto de que a "Comunidade atingiu uma fase de maturidade do ponto de vista dos objectivos do Tratado e do acervo existente"[3]. Por outras palavras, a diminuição de propostas legislativas é também o resultado do maior grau de integração alcançado, e não apenas resultado da introdução do princípio da subsidiariedade. Dito isto, a diminuição é tão significativa que pode ter efectivamente acontecido que a introdução do princípio da subsidiariedade

---

[2] O Protocolo codifica substancialmente a abordagem feita no Conselho Europeu de Edimburgo em Dezembro de 1992 (1992), JO C 337, 116.

[3] Relatório da Comissão "Legislar Melhor 2002" COM (2002) 715 final, ponto 3.1. Ver também os relatórios anteriores, todos disponíveis em *www.europa.eu.int*. Ver também Livro Branco da Comissão sobre a Governança Europeia, COM (2001) 428 final.

esteja na origem de alguma moderação por parte das instituições. Isto não obstante, dado haver vontade política para agir, o respeito pelo princípio da subsidiariedade parecer mais questionável e o cepticismo mais que justificado. Alguns exemplos, de modo nenhum exaustivos, ilustram este aspecto. A directiva do Conselho sobre "detenção de animais em jardins zoológicos" é, neste sentido, uma boa demonstração de como, havendo vontade de regulamentar, o princípio da subsidiariedade pode ser pouco mais que um princípio cosmético[4]. O preâmbulo desta directiva estabelece que "A aplicação adequada de legislação comunitária actual e futura relativa à conservação da fauna selvagem e a necessidade de garantir que os jardins zoológicos cumpram devidamente o seu importante papel em matéria de conservação das espécies, educação do público e/ou investigação científica tornam necessária a criação de uma base comum de legislação dos Estados membros relativa ao licenciamento e inspecção dos jardins zoológicos, à manutenção de animais nestes jardins, à formação do pessoal e à educação dos visitantes" e que "é necessária uma acção a nível comunitário de forma que em toda a Comunidade os jardins zoológicos contribuam para a preservação da biodiversidade, de acordo com a obrigação comunitária de adoptar medidas para a preservação fora do ambiente natural" ao abrigo da Convenção sobre Diversidade Biológica. O texto da directiva não sugere que haja qualquer questão transnacional que devesse ser resolvida ao nível da Comunidade, de facto a única possibilidade de questão transfronteiriça parece decorrer do perigo dos animais poderem fugir dos jardins zoológicos[5]. Como é evidente, esta directiva regula uma matéria que não levanta grande preocupação entre a opinião pública ou nos Parlamentos nacionais quanto a uma possível perda de competência regulamentar ou de soberania nacional. Já o mesmo não pode ser dito de duas recentes propostas de directivas que tocam questões relacionadas com processo civil e criminal, ou seja, as directivas propostas relativamente à indemnização das vítimas da criminalidade[6] e sobre assistência judiciária[7]. A exposição dos motivos da primeira, ao fazer a apre-

---

[4] Directiva do Conselho 1999/22/CE, de 19 de Março de 1999, relativa à detenção de animais selvagens em jardins zoológicos, JO L 94/1999, pp. 24-26.

[5] Ver também a Directiva 98/6/CE, de 16 Março de 1998, relativa à defesa dos consumidores em matéria de indicações dos preços dos produtos oferecidos aos consumidores, JO L 80/1998, pp. 27-30, aplica-se também a transacções de consumo estáticas.

[6] Proposta de directiva do Conselho relativa à indemnização às vítimas da criminalidade, COM (2002) 562 final.

[7] Proposta de directiva do Conselho para a melhoria do acesso à justiça em proces-

ciação da necessidade de normas de harmonização comunitária, refere as discrepâncias entre as legislações nacionais relativas à indemnização por crime que "o cidadão não poderá deixar de considerar arbitrárias. Tais efeitos injustos e arbitrários não são compatíveis com o estabelecimento na União Europeia de um espaço de liberdade, de segurança e de justiça para todos". Quanto à apreciação explícita da subsidiariedade, a Comissão faz apenas referência à secção citada para afirmar que se trata efectivamente de um problema de âmbito comunitário e que "a necessária aproximação das legislações dos Estados membros e os mecanismos indispensáveis para resolver as situações transfronteiras podem ser melhor alcançados pela Comunidade do que pelos Estados membros actuando individualmente e que proporcionarão consequentemente um valor acrescentado"[8]. É surpreendente que esta seja a única justificação necessária para tomar uma medida para a qual o Tratado não prevê base legal expressa (a directiva irá ser aprovada ao abrigo do artigo 308.° CE).

A apreciação da subsidiariedade é analogamente decepcionante no que concerne à directiva proposta sobre a assistência judiciária[9], a qual prevê o direito genérico à assistência judiciária para pessoas com recursos insuficientes. A exposição dos motivos da directiva estabelece que: "A medida destina-se a estabelecer procedimentos de cooperação entre os Estados membros, bem como a garantir a compatibilidade das disposições nacionais através da fixação de normas mínimas comuns." Prossegue dizendo que "uma vez que estes objectivos não podem ser realizados pelos Estados membros, é necessária uma acção a nível comunitário".

O facto de peças legislativas tão importantes preverem uma tão concisa apreciação, para não dizer mesmo circular, da necessidade de acção da Comunidade poderá explicar a razão de o Protocolo de Subsidiariedade e Proporcionalidade ter sido considerado em condições para ser objecto de alterações. Além disso, a fiscalização efectuada pelo Conselho pode provar não ser muito eficaz, pois algumas das tensões políticas nacionais subjacentes podem dar origem a que se torne mais fácil aos governos actuar a nível europeu que nacional.

---

sos transfronteiras através do estabelecimento de regras mínimas comuns relativas à assistência judiciária e a outros aspectos financeiros das acções cíveis, COM (2002) 13 final.

[8] Secção 5.3 do memorando explicativo.

[9] Proposta de directiva do Conselho para a melhoria do acesso à justiça em processos transfronteiras através do estabelecimento de regras mínimas comuns relativas à assistência judiciária e a outros aspectos financeiros das acções cíveis I, COM (2002) 13 final.

4. O princípio da subsidiariedade na jurisprudência do Tribunal de Justiça Europeu

Se o controlo "político" do princípio da subsidiariedade pode actualmente ser considerado ineficaz, o controlo judicial ainda se torna mais difícil. É sabido que as questões relacionadas com o nível em que a regulamentação deve ser aprovada são sobretudo de natureza política, e que o Tribunal de Justiça Europeu poderá ter dificuldade em decidir sobre esta matéria. De facto, até agora o Tribunal tem-se abstido de tomar uma posição intervencionista no controlo da conformidade da legislação com o princípio da subsidiariedade.

No caso da directiva sobre o *tempo de trabalho*[10], o Reino Unido argumentou que uma medida apenas podia ser considerada proporcional se também estivesse conforme com o princípio da subsidiariedade, e que cabia aos órgãos comunitários demonstrarem que os objectivos pretendidos pela directiva podiam ser mais eficazmente alcançados a nível comunitário. O Tribunal sustentou que se o Conselho havia considerado que havia necessidade de harmonização, então tal significava que era necessária a acção comunitária.

No caso relacionado com a *garantia de depósitos*[11], a Alemanha recorreu da aplicação da directiva sobre a garantia de depósitos, argumentando *inter alia* que o legislador comunitário não havia feito a fundamentação, nos termos do artigo 253.° (ex-artigo 190.°), da conformidade com o princípio da subsidiariedade, ou seja, não tinha afirmado a necessidade de acção comunitária[12]. O Tribunal, porém, negou provimento sustentando que o preâmbulo da directiva afirmava que era "indispensável assegurar um nível mínimo harmonizado de protecção dos depósitos" e que sendo assim, do ponto de vista do legislador, era necessária uma acção a nível da Comunidade. Mais uma vez o Tribunal pareceu relutante em considerar o princípio da subsidiariedade sujeito a jurisdição, apesar de neste caso a Alemanha argumentar não que a medida em si não cumprisse o princípio, mas antes que não havia sido afirmada a necessidade de acção comunitária.

---

[10] C-84/94 *Reino Unido vs Conselho* (Tempo de trabalho) [1996] CJ I-5755, parág. 47 e 55.

[11] C-233/94 *Alemanha vs Conselho* (Garantia de depósitos) [1997] CJ I-2405, parág. 26.

[12] O Protocolo ainda não havia sido promulgado naquela data.

No caso relacionado com a directiva sobre *biotecnologia*[13], o Tribunal considerou que mesmo apesar de o preâmbulo da directiva nada dizer sobre a matéria, a conformidade com o princípio da subsidiariedade estava "implícita" nos considerandos que se referiam à necessidade de harmonização.

Também se tem estabelecido alguma confusão quanto ao possível âmbito do princípio da subsidiariedade, em virtude do princípio só se aplicar a domínios de competência não exclusiva da Comunidade. A este respeito alguns advogados gerais têm argumentado que a competência relativa ao mercado interno é exclusiva e que, sendo assim, o princípio da subsidiariedade não se aplica[14]. No segundo caso, relacionado com a *publicidade ao tabaco*[15], o Tribunal, em coerência com a abordagem agora sancionada pela Convenção[16], clarificou que o princípio da subsidiariedade também se aplica ao mercado interno. Deve-se, no entanto, ter em atenção que, dado a competência relativa ao mercado interno poder ser exercida apenas para eliminar obstáculos à circulação ou grandes distorções concorrenciais, se para tal existir competência, então é quase automático que a acção da Comunidade é mais eficaz que a acção a nível nacional. A subsidiariedade pode, então, tornar-se relevante nos casos relativos ao mercado interno, se de alguma forma, ao apreciar se as disposições individuais do respectivo instrumento jurídico cumprem a necessidade de ter uma legislação tão próxima quanto possível do cidadão, em vez de concluir pela necessidade de legislar a nível comunitário.

Para além disso, mesmo em casos não relacionados com o mercado interno, o Tribunal poderá não pretender interferir nas escolhas políticas se tal não levantar questões de competência. Relativamente à proporcionalidade, um princípio que é mais facilmente considerado como sendo matéria sujeita a jurisdição, o Tribunal adoptou uma abordagem não interven-

---

[13] C-377/98 *Países Baixos vs Parlamento e Conselho* (Biotecnologia) [2002] CJ I-6229, Parecer parág. 75-84. Decisão parág. 30-34.

[14] Cf. AG Léger em C-233/94 *Alemanha vs Conselho* (Garantias do Depósito) [1997] CJ I-2405, Parecer parág. 90; AG Jacobs em C-377/98 *Países Baixos vs Parlamento e Conselho* (Biotecnologia), Parecer parág. 75-84; AG Fenelly in C-376/98 *Alemanha vs Parlamento e Conselho* (Publicidade ao tabaco) [2000] CJ I-2247, Parecer parágr. 132-145.

[15] C-491/01 *Rainha vs Ministro da Saúde*, ex-parte *British American Tobacco and Imperial Tobacco ltd*, Decisão de 10/12/02. Parecer parág. 285-287, Decisão parág. 174-185.

[16] Mas tal como se encontra neste momento, o texto do projecto de Constituição não é claro. Ver contributo de M. Dougan, p.

cionista[17]. Assim, embora no princípio da subsidiariedade possa haver matéria sujeita a jurisdição, na prática há compreensíveis reticências do Tribunal em substituir o seu próprio juízo pelo das instituições, ou seja, em apreciar uma opção que é, em última análise, política.

5. O papel dos Parlamentos nacionais no actual sistema

Actualmente, aqueles que negam a existência de um défice democrático na comunidade apoiam-se no facto de os membros do Conselho serem directamente responsáveis perante os Parlamentos nacionais nos termos das disposições constitucionais internas. Dito isto, é amplamente reconhecido que o controlo exercido pelos Parlamentos nacionais é deficiente, em parte devido ao próprio processo legislativo comunitário, mas também por causa dos factores tempo e interesse. Na tentativa de tornar o controlo exercido pelos Parlamentos nacionais mais eficaz, o Tratado de Amesterdão introduziu um protocolo sobre o papel dos Parlamentos nacionais. Este prevê que todos os documentos de consulta da Comissão têm de ser "imediatamente" enviados aos Parlamentos nacionais, que as propostas da Comissão para legislação "serão transmitidas atempadamente" e que, excepto em casos de urgência, tem de mediar um prazo mínimo de seis semanas entre o momento em que a proposta é transmitida às instituições da UE e a data em que esta é inscrita na agenda do Conselho. Mais, o Protocolo também prevê que a Conferência das Comissões dos Assuntos Europeus (COSAC)[18] possa fazer qualquer contributo, que considere adequado, aos projectos legislativos, iniciativas e propostas feitos nos termos do Terceiro Pilar, quando aquelas afectem os direitos e liberdades individuais. A COSAC também pode dirigir-se às instituições relativamente à subsidiariedade e aos direitos fundamentais.

O controlo da legislação é, assim, principalmente deixado às disposições constitucionais nacionais e existe a impressão de que tal não tem sido particularmente eficaz.

---

[17] C-280/93 *Alemanha vs Conselho* [1994] CJ I-4973. N. Reich "Judge made 'Europe à la carte': Algumas observações sobre os recentes conflitos entre a Lei Europeia e a Lei Constitucional Alemã provocados pelo Litígio da Banana" (1996) EJIL 103-111.

[18] A COSAC foi instituída em 1989 e é constituída por representantes das respectivas comissões nos Parlamentos nacionais e por membros do Parlamento Europeu. Actualmente reúne de seis em seis meses.

6. A proposta de Protocolo

Tendo em atenção que a actual situação de controlo político não é satisfatória e a dificuldade da fiscalização judicial, o Grupo de Trabalho propôs um novo sistema, de acordo com o qual os Parlamentos nacionais adquiririam um papel formal no controlo da conformidade com o princípio da subsidiariedade[19]. Assim, os poderes de controlo exercidos pelos Parlamentos nacionais seriam significativamente valorizados, quer através da redefinição das obrigações da Comissão, quer através do estabelecimento de um processo de controlo formal.

Na proposta de Protocolo, o princípio da subsidiariedade é especificado de uma forma consideravelmente menos pormenorizada do que no actualmente existente. Assim, o parágrafo 1 prevê que "Cada instituição assegurará *continuamente* a observância dos princípios da subsidiariedade e da proporcionalidade" (itálico acrescentado) (...). As referências à manutenção do *acquis*, aos poderes conferidos à Comunidade e à natureza dinâmica do princípio da subsidiariedade foram eliminadas. O comentário afirma que foi adoptada esta versão "reduzida" e "simplificada" de modo a torná-la "compatível" com a natureza de um protocolo anexo à Constituição. Não é provável que estas alterações tenham qualquer reflexo "jurídico", no entanto, realçam certas reticências políticas ao acentuarem que alguns princípios não são afectados pelo princípio da subsidiariedade. Além disso, a alteração da redacção do texto parece sugerir que as instituições têm um dever de vigilância continuada (e não apenas relativamente às suas próprias acções), porém, não é claro que tal se traduza num dever de revogação da legislação, se esta, por alteração das circunstâncias, deixar de estar em conformidade com o princípio da subsidiariedade.

O parágrafo 2 prevê que, excepto em casos de urgência ou que exijam confidencialidade, a Comissão procederá a amplas consultas. Também estabelece o dever de, se necessário, ter em conta a dimensão "regional e local" das acções previstas, o que não está especificado no actual Protocolo.

---

[19] No debate de preparação da Convenção, ver Comissão do Parlamento Europeu sobre Assuntos Constitucionais "Relatório sobre repartição de competências entre a União Europeia e os Estados membros" (designado Relatório Lamassoure), FINAL A5-0133/2002. Ver também o "Mandato do Grupo de Trabalho sobre o princípio da subsidiariedade", CONV 71/02.

O parágrafo 3 introduz a obrigação do envio pela Comissão das suas propostas aos Parlamentos nacionais ao mesmo tempo que o faz para o legislador da União (no Protocolo actual têm de ser enviadas "logo que possível" e "de imediato"). Também estabelece a obrigação do Parlamento Europeu e do Conselho enviarem as resoluções e as posições comuns logo que as mesmas sejam aprovadas.

O parágrafo 4 introduz o dever de a Comissão anexar uma "ficha de subsidiariedade" à legislação proposta e especifica os elementos que devem constar da apreciação (tais como implicações financeiras, mas também implicações para a regulamentação a aplicar pelos Estados membros, incluindo, nos casos em que tal se aplique, a dimensão regional). Como foi referido, o Tribunal ainda não considerou a falta de uma apreciação "explícita" relativamente à subsidiariedade como um requisito processual essencial capaz de afectar a legalidade da medida atacada. Não é claro que a obrigação de maior especificação, exigida à Comissão pelo Protocolo proposto, venha a ter alguma relevância na abordagem do Tribunal.

Os Parlamentos nacionais têm seis semanas, a contar da data de recepção da proposta legislativa, para apresentar um parecer fundamentado. Caberá aos Parlamentos nacionais determinar os procedimentos internos nos casos de Parlamentos bicamerais. Assim, cabe a cada Parlamento determinar se os pareceres fundamentados podem ser aprovados separadamente por cada Câmara. As propostas de alteração ao Protocolo sugerem que devem ser dados dois votos a cada Parlamento para que aqueles sistemas que não possuam Parlamentos bicamerais tenham o mesmo peso que os que têm um Parlamento bicameral.

O Protocolo prevê ainda que o Parlamento Europeu, o Conselho e a Comissão terão em conta os pareceres fundamentados dos Parlamentos nacionais. Isto significa, provavelmente, que o não cumprimento da disposição relativa ao prazo de seis semanas poderá constituir a violação de um requisito "processual essencial"[20]. Não é claro que os fundamentos de urgência sejam susceptíveis de justificar a derrogação. O parágrafo 5, ao contrário do parágrafo 2 sobre o dever de consulta da Comissão, não faz referência a essa possibilidade. No entanto, o parágrafo 4 da proposta de protocolo relativa ao papel dos Parlamentos nacionais na União Europeia prevê que o prazo de seis semanas pode ser derrogado por motivos de

---

[20] Cf. Caso 138/79 *Roquette Frères SA vs Conselho* [1980] CJ 3333.

"extrema urgência, que deverão ser especificados no acto ou na posição comum"[21]. É de esperar que esta discrepância entre os dois textos seja rectificada no projecto final.

Se um terço dos Parlamentos nacionais emitir parecer fundamentado sobre o facto de a proposta não respeitar o princípio da subsidiariedade, a Comissão tem o dever de reanalisar essa proposta (este parece ser um requisito processual essencial) mas pode, apesar disso, mantê-la. O Protocolo também estabelece o dever de fundamentação da Comissão (também este deveria ser um requisito processual essencial). Além disso, os Parlamentos nacionais também podem emitir um parecer fundamentado, no prazo que medeia entre a data em que é convocada, ao abrigo do processo de co-decisão, a reunião de conciliação e a data em que a mesma se realiza. O Parlamento Europeu e o Conselho terão "devidamente" em conta os pareceres expressos pelos Parlamentos nacionais. No texto, tal como se encontra actualmente, não existe o dever do Parlamento Europeu e do Conselho reconsiderarem se 1/3 dos Parlamentos nacionais emitirem o seu parecer nesta fase. Isto é estranho, tendo em atenção o facto de numa fase de conciliação a legislação proposta poder ter sido objecto de alterações substantivas; foi assim sugerida ou a eliminação da possibilidade de emitir pareceres fundamentados nesta fase ou torná-lo coerente com o resto do Protocolo, impondo o dever das instituições reconsiderarem se o limiar de 1/3 tiver sido alcançado.

Os parágrafos 6 e 7 constituem a parte verdadeiramente inovadora do Protocolo, no facto de, pela primeira vez, os Parlamentos nacionais adquirirem um papel "formal" no processo legislativo, mesmo apesar da ideia dos Parlamentos nacionais poderem ser envolvidos como co-legisladores, quer através da sua representação no Conselho quer através de uma Câmara separada, ter sido rejeitada. E foi também, por agora, posta de parte ideia de conceder aos Parlamentos nacionais um poder de "veto" (o chamado modelo do cartão vermelho).

O modelo proposto procura assim claramente atingir um equilíbrio entre o objectivo político de garantir um controlo mais eficaz sobre a forma como a competência da união é exercida e a vontade prática de não sobrecarregar, nem atrasar ainda mais, o já complexo processo legislativo.

---

[21] Projecto de protocolo sobre o papel dos Parlamentos nacionais na União Europeia (CONV 579/03) parág. 4. No protocolo a disposição sobre o prazo de seis semanas pode ser derrogada por motivos de "urgência".

No entanto, o Protocolo levanta um certo número de questões de diferentes naturezas (política, prática mas também jurídica).

O processo legislativo da Comunidade é caracterizado pela necessidade de equilíbrio entre a representação democrática e a representação dos estados regionais, de modo que o peso dos votos no Conselho e a alteração, no sentido da votação por maioria qualificada pretendida, garanta que um país não torne o processo legislativo moeda de troca. O quantitativo de 1/3 dos Parlamentos é neste aspecto bastante baixo. Permitirá que um número de países, significativamente abaixo do limiar necessário para se opor à legislação, atrase o processo legislativo. É verdade que tal como a proposta se encontra actualmente, tal é apenas um cartão "amarelo", ou seja, não concede aos Parlamentos nacionais, como alguns desejariam, o poder para se opor à legislação. No entanto, se a Comissão tomar a sério a obrigação de reconsiderar e de fundamentar as decisões, o novo procedimento pode atrasar significativamente um processo legislativo desde já caracterizado pelo seu *timing* geológico.

Em segundo lugar, não é claro que, para efeitos de aferição do limiar de "1/3", os pareceres fundamentados tenham de levantar as mesmas questões ou questões similares, ou se é suficiente que os Parlamentos tenham emitido um parecer que levante dúvidas sobre o respeito do princípio da subsidiariedade. Se se aceitar a última solução, os Parlamentos nacionais podem ser tentados a emitir pareceres "preventivos" (dado também o facto de o prazo de seis semanas ser apertado). Se, porém, for a primeira a solução ser aceite, tal como foi proposto nas alterações, então põe-se o problema sobre quem aprecia a "similitude" das questões. Se for a Comissão, haverá então um manifesto conflito de interesses. E seria certamente insensato envolver o Tribunal numa fase tão inicial do processo legislativo.

Em terceiro lugar, a representação dos interesses das regiões é deixada à boa vontade dos mecanismos nacionais. Isto funciona muito bem nos Estados membros em que as regiões estão representadas numa das câmaras. Já não é bem assim nos casos em que o processo devolutivo não originou uma câmara representativa dos poderes regionais.

Outros aspectos de natureza prática e política deveriam também ser considerados. De um ponto de vista prático, o prazo de seis semanas é muito apertado e os Parlamentos nacionais podem não conseguir efectuar um controlo eficaz conjuntamente com o seu pesado calendário. Outro aspecto prático diz respeito à dificuldade de coordenação entre os diversos Parlamentos nacionais, especialmente se a COSAC continuar a reunir apenas uma vez de seis em seis meses como faz actualmente.

De uma perspectiva política, há o risco dos Parlamentos nacionais serem tentados a emitir o parecer, não por causa da subsidiariedade mas devido a objecções às disposições substantivas da legislação. Tomemos o mercado interno como exemplo, parece que uma vez estabelecida a competência para legislar, então a subsidiariedade deixa de poder ter um papel significativo. Isto porque se há uma restrição transnacional ou uma distorção de concorrência, então a Comissão encontra-se quase automaticamente em melhor posição para legislar. No entanto, a oposição à legislação sobre mercado interno pode derivar da escolha relacionada com valores concorrenciais que rejeitam a ideia de que valores económicos ou sociais, conforme o caso, possam ter precedência. Este aspecto, que pode reflectir algumas preocupações populares sobre a forma como a Comunidade exerce a sua competência, não seria relevante no que diz respeito à subsidiariedade.

O outro risco que mais uma vez reflecte importantes factores de legitimidade é evidentemente que a legislação europeia seja afectada por dinâmicas políticas nacionais.

Controlo jurisdicional

A ideia de fiscalização prévia pelo Tribunal Europeu do respeito pelo princípio da subsidiariedade foi rejeitada, provavelmente devido a preocupações relacionadas com o atraso excessivo do processo legislativo, e devido ao facto da fiscalização política ser preferível à fiscalização judicial. Dito isto, o Protocolo refere também a possibilidade de controlo jurisdicional.

Neste aspecto foi inicialmente proposto conceder capacidade judiciária aos Parlamentos nacionais perante o TJE; afinal se a competência da Comunidade foi indevidamente exercida, tal afecta as prerrogativas daqueles. A proposta de Protocolo, no entanto, estabelece apenas que os "Estados membros, eventualmente a pedido dos Parlamentos nacionais," podem interpor recurso. Isto já é, no entanto, o que acontece, pois nos termos do artigo 230.º os Estados membros são demandantes privilegiados, e o dever de os governos agirem a pedido dos Parlamentos nacionais é, e continuará a ser, matéria do âmbito da legislação nacional.

A razão pela qual a capacidade judiciária não foi directamente investida aos Parlamentos nacionais foi o receio de que fazê-lo enfraqueceria a unidade dos sistemas nacionais. No entanto, não é clara a razão do receio de enfraquecimento do sistema ter sido considerada apenas relativamente à capacidade judiciária, e não relativamente à possibilidade de emitir pareceres fundamentados. Afinal, o sistema de pareceres fundamentados parece ter sido concebido para ultrapassar a falta de responsabilização dos ministros no Conselho. Assim, se o pragmatismo ganhou na primeira parte do Protocolo, ao reconhecer que os Parlamentos e os governos podem ter pontos de vista diferentes aos quais pode não ter sido efectivamente dado voz neste sistema (não é provável que um governo perca a confiança do respectivo parlamento por causa de uma questão de subsidiariedade), então porque não acontece o mesmo relativamente ao controlo da legislação? A falta de vontade de dar poderes tangíveis aos Parlamentos nacionais mostra assim a principal lacuna do Protocolo, que parece concebido para dar um papel meramente cosmético aos Parlamentos nacionais.

Para além disso, a proposta de Protocolo prevê que o Comité das Regiões adquira um estatuto que lhe permita interpor recurso nos termos do artigo 230.°, se bem que apenas relativamente a legislação em que tenha sido consultado. De acordo com os actuais mecanismos, a Comissão e o Conselho têm o dever de consultar o Comité das Regiões nas seguintes matérias: coesão económica e social, redes transeuropeias de infraestruturas, saúde, educação e cultura, política de emprego, política social, ambiente, formação profissional e transportes.

Alterações sugeridas pela Convenção à proposta de Protocolo

As mais importantes alterações propostas pela Convenção dizem respeito à inclusão de um controlo do cumprimento do princípio da proporcionalidade e a possibilidade de conceder o poder de veto aos Parlamentos nacionais[22]. Quanto à inclusão do princípio da proporcionalidade, deveria ser considerado que, neste caso, os Parlamentos nacionais teriam uma palavra a dizer sobre matérias de natureza substantiva, ou seja, se a legislação proposta atinge o equilíbrio certo entre interesses concorrentes. Tal, dependendo do ponto de vista, poderá ser bom ou mau. Mas certamente que alteraria a natureza do controlo, pois a proporcionalidade é uma matéria mais facilmente objecto de jurisdição que a subsidiariedade.

Quanto à introdução do procedimento do "cartão vermelho", de acordo com esta perspectiva, se 2/3 dos Parlamentos nacionais emitirem

---

[22] Ver, em geral, sumário das propostas de alteração ao Protocolo.

um parecer fundamentado, a Comissão está obrigada, dependendo dos pontos de vista apresentados, a retirar a legislação proposta ou a modificá-la[23]. Nos termos da proposta do Praesidium, a votação por maioria qualificada deverá ser substituída por uma votação por maioria simples dos Estados membros, representando no mínimo 3/5 da população. Numa União a 25, com diversos Estados membros de pequena e média dimensão, conceder a 2/3 dos parlamentos nacionais o poder de veto significaria conceder a um número de países que representam uma população significativamente abaixo do mínimo necessário para se opor à legislação no Conselho (de acordo com o Projecto do Praesidium), o poder de impedir a legislação de ser promulgada. Para além do mais, a ideia de conferir aos parlamentos nacionais um poder de veto coloca problemas constitucionais a nível nacional, uma vez que tal criaria e realçaria uma verdadeira fractura entre os governos e os respectivos Parlamentos, que teriam de invocar a lei comunitária de modo a garantir que os seus representantes no Conselho não agissem contra os seus desejos. Se a unidade do Estado é ameaçada pela possibilidade do Parlamento ter capacidade judiciária, que consequência teria então o poder de oposição a legislação para as ideias tradicionais de democracia e de responsabilização no interior dos Estados membros? Também no caso do problema relativo a quem aprecia a similitude dos pareceres fundamentados, se tal similitude vier a constituir um requisito, tornar-se-ia de importância primordial.

7. Observações finais

Não é nenhum segredo dizer que, algumas vezes, a lei europeia tem sido utilizada para contornar impasses políticos a nível nacional e, também não é segredo, que algumas vezes a lei europeia é desnecessária, se não completamente disparatada. Dito isto, é de perguntar se o protocolo proposto terá algum efeito para além do de atrasar o processo legislativo. Não é evidente que tal sistema possa, em última análise, originar melhor legis-

---

[23] Ver o contributo de Ms G. Stuart para a Convenção "O Mecanismo de Alerta Rápido – Implementação" CONV 540/00, CONTRIB 233; a favor do procedimento do cartão vermelho, ver também o relatório do Select Committee on the European Union da Câmara dos Lordes sobre o "O Futuro da Europa: Tratado Constitucional Projecto dos Artigos 24.º a 33.º – Parlamentos Nacionais e Subsidiariedade – os Protocolos Propostos", CONV 625/03, CONTRIB 279.

lação; as instituições têm tendência para esgrimir os seus poderes contra as outras instituições políticas.

O debate sobre subsidiariedade é, em última análise, um debate político que denuncia não só uma desconfiança sobre a forma como a legislação é promulgada, mas também uma desconfiança sobre o trabalho normal dos governos nacionais. É interessante que, como acontece frequentemente no processo político europeu, o debate se concentre no primeiro e não no último. É irónico o facto de a falta de responsabilização ministerial relativamente aos assuntos europeus ser melhor resolvida a nível europeu que a nível nacional, o que parece estar em conflito com o próprio princípio da subsidiariedade que o Protocolo pretende reafirmar.

Além disso, investir os Parlamentos nacionais de um papel formal a nível europeu poderá reforçar a percepção dos cidadãos de que os seus interesses são representados pelos respectivos parlamentos nacionais e não pelo parlamento europeu.

A introdução de um princípio geral de subsidiariedade, em 1992 e 1997, não conseguiu dar origem a resultados tangíveis; onde há vontade política para agir há sempre uma forma de o fazer. Fica por saber se o novo processo produzirá resultados. Fica a suspeita, porém, de que isto pode acabar por não ser mais do que uma forma "sensacionalista" simpática de abordar um problema sério (ver, por exemplo, o uso de linguagem hiperbólica como as instituições devem ter "devidamente" em conta, a disposição desprovida de significado sobre o controlo jurisdicional e, em última análise, o facto de ter sido dado aos Parlamentos nacionais um poder "cosmético"), em vez de uma forma efectiva e cuidadosamente pensada de lidar com questões complexas como a transparência e a legitimidade do processo legislativo europeu[24].

---

[24] Esta impressão é reforçada pela forma como as notícias são apresentadas pelos actores políticos nos meios de comunicação social. Ver, por exemplo, a declaração do Sr. Hain (então representante do Governo do Reino Unido na Convenção) de que o Protocolo era uma vitória. "Se um terço dos Parlamentos nacionais diz à comissão 'não devem fazer isto porque essa parte é nossa', é inconcebível que a Comissão continue, independentemente disso". Relatado no *The Guardian*, 14 de Maio de 2003, pág. 12.

3.ª SESSÃO

As questões institucionais numa Constituição Europeia

A REFORMA INSTITUCIONAL E A CONSTITUIÇÃO EUROPEIA *

Professor Doutor RUI MOURA RAMOS
Vice-Presidente do Tribunal Constitucional
Faculdade de Direito da Universidade de Coimbra

Muito obrigado Sr. Presidente. Gostaria antes de mais de felicitar os organizadores deste Colóquio, o Instituto Europeu da Faculdade de Direito de Lisboa, o British Council, o Instituto Franco-Portugais, o Goethe Institut Lissabon e o Clube Humboldt de Portugal, por terem promovido esta reflexão sobre o tema premente na actualidade da reforma dos tratados e da Constituição Europeia e, muito particularmente, o Professor Fausto de Quadros que creio que assumiu, na prática, a sua organização, e agradecer o amável convite que me dirigiu mais uma vez para participar nesta sessão.

Aproveitarei esta ocasião para referir, em termos de introdução ao debate e como primeira intervenção, um conjunto de pontos que creio que são relevantes no contexto da discussão em curso.

Em primeiro lugar, nós temos em curso um processo de revisão dos tratados comunitários, um processo que, neste momento, se encontra numa fase prévia, uma fase atípica do processo de revisão dos tratados. Há um processo de revisão, mas este processo de revisão é precedido por uma discussão, feita num órgão *ad hoc,* numa instância que não está prevista nos tratados, e que vai elaborar um projecto de Constituição ou um projecto de tratado constitucional (isto está ainda em discussão), que será depois submetido à Conferência Intergovernamental. Portanto, o primeiro ponto que queria aqui sublinhar é que nós estamos, no fundo, em relação ao processo interno da União, face àquilo que poderíamos chamar uma mutação constitucional. Porque há um processo de revisão – há um pro-

---

* Texto correspondente à intervenção oral, revisto pelo autor.

cesso que está organizado, tipificado, e que está previsto nos tratados – e a presente revisão é precedida de um momento que não faz parte deste processo. Isso implica algumas consequências.

Implica, por um lado, uma subvalorização do processo de revisão tal como ele estava previsto e das instâncias nele consideradas. E implica, por outro, a emergência de um outro poder, de uma outra instância. Esta outra instância, a Convenção, não é qualquer coisa de tipicamente novo. Não se trata de algo tipicamente novo porque o processo que nós aqui encontramos agora é por assim dizer a repetição de um outro processo, o processo que esteve na origem da gestação da Carta dos Direitos Fundamentais. É o mesmo tipo de instância que aqui aparece e isso significa, de alguma forma, que o poder constituinte da União – eu diria o poder constituinte, pelo menos em termos materiais – se complexifica e se alarga para além das instâncias tipicamente previstas, tipificadas. Isto revela, à partida, uma mutação constitucional da União. Quando falo em mutação constitucional, estou desde já a adiantar algo que tem a ver com um ponto que irei referir a seguir, que é a questão de saber se aquilo que se vai fazer, a eventual Constituição da União, é algo que já existe, ou se é algo que resulta apenas da transformação de uma realidade preexistente. É claro que a relevância deste primeiro momento, ou seja, a relevância da existência ou não de uma mutação constitucional, é algo que desde já se pode confirmar nesta visão formal. Mas o seu relevo prático resultará, no fundo, daquilo que será o resultado final do processo de revisão. É preciso não esquecer que o produto da Convenção será submetido à Conferência Intergovernamental e aquilo que será o resultado final pode ou não repercutir que seja o *apport* concreto da Convenção. A Comunidade já conheceu no seu passado outros momentos em que tentativas de grande salto em frente acabaram por não resultar no que pretendiam. Recordo que, em 1984, há 19 anos portanto, houve um projecto novo de tratado para a União Europeia aprovado pelo Parlamento Europeu, uma aprovação também fora do processo de revisão típico, que acabou por não ter, pelo menos de imediato, as consequências esperadas. Será interessante ver nesta altura o que é que se vai passar, se a mutação constitucional que se revela no processo formal se vai ou não também prolongar substancialmente.

Este é um primeiro ponto. E este primeiro ponto sublinha, de algum modo, a importância desta Convenção, como revelação de que as instâncias do poder de revisão são algo mais do que aquilo que os tratados actualmente prevêem. Mas, por outro lado, relativiza também, ou pode relativizar, os seus resultados na medida em que não se sabe, neste momento, qual será a correspondência entre o resultado dos seus trabalhos, entre as propostas que dela decorrerão, e aquilo que será o novo texto, que no final de todo o processo acabará por surgir.

Esse novo texto discute-se, mas assume-se desde já que será muito provavelmente uma Constituição. E aqui a questão que se pode pôr é a de saber qual é o sentido de uma Constituição da União Europeia? Até porque – isso já foi aliás referido em textos que versaram especialmente este ponto – não seria possível que uma entidade como a União tivesse até agora vivido sem uma Constituição. A querela é um pouco uma querela de palavras. Temos que nos entender sobre os conceitos e sobre as realidades, mas é evidente que, até hoje, como aliás tem sido reconhecido expressamente pelo menos desde o acórdão *Les verts,* desde muito cedo, portanto, a União vive com uma Constituição. Vive com uma Constituição porque existe uma regra de direito que preside à ordenação interna dos poderes da União, que permite aos indivíduos fazer valer os seus direitos perante instâncias judiciais, que preside ao equilíbrio dos órgãos de poder no interior da União e, também, às relações entre a União e os Estados membros. Portanto, materialmente, existe um corpo normativo de grau superior, existe uma Lei Fundamental, existe uma Constituição em sentido material, no interior da União. Se não fosse assim, o poder no interior da União não estaria limitado como está, a União não seria uma comunidade de direito como é, e a especificidade dessa forma de integração europeia, que se desenvolveu desde os anos 50 do século passado, deixaria de existir e seria outra coisa que não aquela que nós conhecemos. Portanto, existe uma Constituição da União neste sentido, em sentido próprio.

O que não existe é um texto que seja intitulado Constituição europeia porque, até hoje, o termo "Constituição" tem sido utilizado como traduzindo essa ideia de vertebração de uma sociedade política, mas tem sido limitado ao quadro estadual. Tem sido limitado ao quadro estadual por uma razão que explica a sua não utilização desta forma no contexto da União: em princípio, a Constituição é fruto da autodeterminação da sociedade que vertebra e organiza. A Constituição é um elemento interior e autónomo a essa sociedade. Não é um dado heterónomo que venha de fora para dentro. Isso, aliás, é sublinhado particularmente na nossa experiência constitucional em que, no meio de uma série de textos constitucionais que tivemos, temos um, do século XIX, que é uma Carta Constitucional. É algo que foi outorgado pelo rei à sociedade, que veio de fora para dentro, que não foi votado por uma assembleia constituinte, e, portanto, nesse sentido sublinha particularmente a distância entre as duas realidades. Ora, no contexto da União e das Comunidades, a Lei Fundamental é uma lei dada pelos Estados que são membros destas organizações à União e às Comunidades. Não é, portanto, um elemento que brota do seio delas. Portanto, se a Constituição comunitária, a Constituição da União hoje existente corresponde à necessidade de articular, no fundo, de limitar o poder no seio da nova instituição, ela não corresponde à outra necessidade, que é a necessidade de legitimar a construção comunitária. É por isso que o salto qualitativo, que se operará com a transformação da Lei Fundamental, que hoje temos, numa autêntica Constituição, resultaria na resolução ou num contributo para a resolução do problema da legitimação da União. Mas para que a mudança não seja apenas semântica e formal, para que, portanto, as coisas tenham um verdadeiro sentido, a Constituição da União provavelmente só se legitimaria se a aprovação final do texto viesse a resultar, não do método que nós conhecemos, o método da ratificação, mas, por exemplo, por um referendo europeu. O referendo que eventualmente poderia vir a dar a aprovação a este texto final implicaria a legitimação da construção. Mas a introdução de um referendo neste ponto não é isenta de dificuldades. Não é isenta de dificuldades, desde logo, na definição da forma como o referendo poderia ter lugar. É evidente que seria um referendo geral, um referendo do conjunto. Mas pode perguntar-se, nesse ponto, o que é que contaria, se contaria um resultado apenas do conjunto ou se se exigiria, como por exemplo se exige no interior de alguns Estados, como é o caso da Suíça, que o resultado do referendo fosse positivo não apenas no todo, mas também nas várias entidades que o compõem. De qualquer forma, a utilização do referendo significaria necessariamente um trânsito de uma entidade para outra, porque é evidente que a natureza jurídica da entidade que temos hoje perante nós alterar-se-ia substancialmente se o seu texto fundamental viesse a ser aprovado por referendo. É evidente que isto não seria um passo para o Estado europeu, mas aproximar-nos-ia muito mais claramente do modelo federal e, portanto, a ambiguidade e o modelo de tensão entre uma construção intergovernamental e uma construção de cunho federalista, que até hoje tem de algum modo mantido a construção europeia, desapareceria ou seria francamente atenuado.

Um outro aspecto que creio que deverá resultar de forma nítida das negociações em curso diz respeito ao relacionamento entre os Estados e a União e à participação daqueles na afirmação do poder legislativo da União e da Comunidade. Há aí um debate que tem sido feito, um debate que vem sobretudo desde a aprovação do Tratado de Maastricht. É o debate a que se tentou, de alguma forma, dar resposta através da introdução do princípio da subsidiariedade e que, hoje, se pode pôr nos termos seguintes: em que medida é que as instâncias nacionais participam efectivamente na definição de forma correcta e adequada do destino da União a nível central? Aí diria que o problema é um problema para o qual têm sido ensaiado várias respostas, mas manifestaria algum cepticismo quanto à forma de o resolver no contexto da Lei Fundamental da União. Isto por uma razão: esse problema é sobretudo um problema da vida interna dos Estados, mais do que um problema da vida interna da União. É sabido até agora que o sistema comunitário tem permitido que nele convivam formas distintas, desde a forma dinamarquesa em que o Parlamento Dinamarquês exerce um forte controlo, naturalmente prévio, que o Estado Dinamarquês veicula nas instâncias comunitárias, até outros casos em que, apesar de existir um quadro normativo interno de participação dos Parlamentos no debate interior da União, essa participação é particularmente reduzida ou não existe nos termos que seriam desejados. Mas isso não é tanto um problema que possa ser resolvido no plano da União, é sobretudo um problema da vida interna dos Estados, da forma como o peso do Parlamento é vivido no interior desses Estados e será, creio eu, sobretudo um problema no contexto de uma revisão constitucional nacional dos Estados em causa, não no contexto da União. É difícil que este problema, o problema da participação dos Estados e, sobretudo, da participação dos Parlamentos nacionais, possa ser adequadamente resolvido neste seio.

O outro ponto que a reforma não poderá também deixar passar em claro é o da diversidade da construção comunitária. Esse ponto é um ponto que devia ter sido abordado expressamente na sessão de hoje. Um dos temas apontava para a ideia do desaparecimento do Terceiro Pilar. A esse propósito, creio que há um critério que devia ser seguido. É que não faz sentido manter um conjunto de construções diversificadas no seio de uma realidade una, a não ser que haja especificidades concretas que justifiquem essa diversidade. E, na situação actual, tal não se verifica. Na situação actual, nós temos uma diversidade e essa diversidade não encontra em todos os casos uma justificação material adequada. Diria, numa palavra, em relação a esse ponto, que, muito particularmente, eu questionaria o bem fundado das soluções actuais que mantêm um perfil reduzido da instância jurisdicional comunitária no contexto do actual Terceiro Pilar, no espaço de liberdade, segurança e justiça. A plena realização da comunidade de Direito implica necessariamente que o princípio do controlo judicial seja actuado em todos os níveis em que a decisão comunitária exista. Não há qualquer justificação para que nos sectores em que, à partida, maior é a potencialidade de se afectarem direitos individuais, o sistema de controlo jurisdicional comunitário possa ser mais limitado. Isso implica consequências importantes. Implica, desde logo, que o reenvio prejudicial não seja limitado na sua utilização, que os actuais limites de formulação do reenvio apenas a instâncias jurisdicionais superiores sejam afastados. Isso implica, portanto, a generalização do modelo do actual artigo 234.º Implica, por outro lado também, a generalização do acesso do particular à justiça comunitária. As soluções até agora existentes e até agora mantidas e, nos últimos tempos, reforçadas aqui e ali pela instância jurisdicional comunitária deveriam ser eventualmente repensadas e sofrer uma evolução. Não sei se essa evolução será facilitada através de um texto. Não sei se a abertura deve necessariamente consubstanciar-se num texto da Lei Fundamental. De qualquer modo, seria importante que se criassem as condições que permitissem à jurisdição comunitária modificar a sua jurisprudência ou, pelo menos, dar alento às tendências de modificação que no seu seio se têm, aqui e ali, de forma esparsa, manifestado.

O último ponto é um aspecto que vai ser objecto de uma referência particular neste Colóquio. Esse ponto diz respeito à função de *leadership* no seio da União. Sobre ele têm-se afirmado, nestes últimos tempos, vias diferentes e pontos contrastantes. Deverá esse *leadership* pertencer ao Conselho? Deverá, de acordo com a evolução natural do pensamento de Jean Monnet, eventualmente fundar-se na Comissão? Poderão essas duas lideranças manter-se e coexistir pacificamente de forma preestabelecida em termos harmónicos ou será necessário cortar o nó górdio e realmente criar uma presidência única e forte? Muitas vezes este debate é perturbado com outros elementos. Por um lado, com o elemento dos perigos que resultariam da criação de um directório e que resultariam no estabelecimento de um fosso entre países grandes e países pequenos e, por outro, com um outro elemento, o elemento decorrente da ineficácia do sistema actual e da impossibilidade do sistema actual se manter no futuro, designadamente no que toca às presidências rotativas. A este propósito, não valorizaria os argumentos de ordem prática que tendem a contestar o sistema actual e que tendem a dizer que esse sistema esgotou as suas possibilidades. É evidente que a União vai viver um momento importante e delicado com a adesão de dez novos Estados. Esse ponto é, aliás, algo que não deve ser desvalorizado. Não se pode desvalorizar que a entidade que se conhecerá, provavelmente a partir de 1 de Maio de 2004, será diferente e radicalmente diversa daquela que hoje conhecemos. O peso das culturas nacionais e o peso da vivência democrática desses dez países terá uma influência particular no seio da União. As suas eventuais dificuldades de adaptação num primeiro momento poderão levar à reconsideração de um certo número de aspectos mas, até hoje, mesmo em países pequenos como o nosso, e muito mais pequenos do que o nosso, não se viu que houvesse dificuldade de reagir perante situações de crise ou de afirmação de liderança pelo facto de a presidência ser exercida nos termos que até agora o vem sendo. Por outro lado, o contexto internacional em que este processo está a decorrer não pode ser ignorado. Não pode ser ignorado que, em termos que espero passageiros, se criaram algumas dificuldades no diálogo desejável entre Estados da União. É claro que essas dificuldades surgiram sobretudo e apenas a propósito de um ponto concreto, de um ponto que tem a ver com alguma coisa que não faz parte necessariamente da competência da União, entendida no seu sentido jurídico, e, portanto, há que desvalorizar essas dificuldades. Mas essas dificuldades deixaram um lastro de incomodidade que pode pôr em causa a passagem para modelos distintos e novos. Portanto, neste momento e no que toca a este último ponto, no que toca à função de *leadership*, eu preferiria a manutenção do sistema actual. Não alteraria o equilíbrio de poderes e, sobretudo, não decidiria em função de problemas práticos dificilmente existentes.

Enfim, um tema sobre o qual creio que existirá algum consenso que é o que diz respeito à afirmação do poder do Parlamento Europeu. É evidente que o Parlamento Europeu, de alguma forma, no contexto desse debate, surge um pouco minimizado porque a Convenção é expressão não só do Parlamento, como de outras valências, quando o Parlamento poderia, representando os povos dos Estados da Europa, ser ele a exercer esta função em primeiro plano. Mas é também certo que o aumento da participação do Parlamento na criação de legislação comunitária será, talvez, de todos os problemas fundamentais com que a Convenção e a reforma institucional subsequente se virá a defrontar, o ponto em que haverá maior consenso no sentido de desenvolver essa participação.

Ficaria por aqui e estaria à vossa disposição para uma troca de opiniões subsequente. Muito obrigado.

LIDERAR A UNIÃO – QUE ESPÉCIE DE PRESIDÊNCIA PARA A UE *

LARS HOFFMANN
*Investigador associado no Federal Trust for
Education and Research, Londres*

Introdução

Apesar de a Convenção estar a trabalhar na Constituição Europeia há mais de um ano, o aspecto mais importante desta Convenção, a concepção institucional da UE, foi deixada para o final. Este tema divide a Convenção mais do que qualquer outro. O Praesidium terá de suspender os seus trabalhos para encontrar um compromisso aceitável que se baseie num amplo consenso. Antes mesmo do projecto relativo às instituições ter sido apresentado pelo Praesidium no plenário de 24 de Abril, já os *Convencionistas* tinham apresentado algumas propostas relacionadas com a questão da estrutura institucional. A maioria das propostas centrava-se à volta da questão da presidência, i. e., como (e se) alterar a presidência rotativa do Conselho Europeu e o cargo de Presidente da Comissão. Um outro assunto relacionado com este é o da questão da fusão do cargo de Alto Representante para a Política Externa e de Segurança Comum com o de Comissário para as Relações Externas. Além disso, a presidência permanente do Conselho Europeu levanta inevitavelmente a questão da reorganização do Conselho de Ministros, uma vez que um presidente permanente do Conselho Europeu não pode, naturalmente, presidir a todas as reuniões de Conselho de Ministros.

Nesta comunicação começaremos por examinar três importantes contributos relacionados com estes temas institucionais:

- A proposta franco-alemã de dois Presidentes[1];
- A proposta do Deputado europeu do Reino Unido Andrew

---

* Tradução da responsabilidade do British Council.
[1] CONV 489/03.

Duff e do Senador italiano Lamberto Dini [ambos membros do Grupo do Partido Europeu dos Liberais, Democratas e Reformistas (ELDR)] de um presidente único com dupla função[2];
• O projecto da proposta do Praesidium relativa às instituições (título IV da parte I da Constituição)[3].

Os três contributos pressupõem certas reformas fundamentais do Conselho de Ministros. O ponto de partida desta análise são as duas propostas, uma vez que representam pontos de vista relativamente moderados sobre o futuro da União Europeia, nomeadamente dos Estados membros "maiores" e das instituições europeias (especialmente do Parlamento Europeu[4])[5]. O Projecto do Praesidium serve como base do que se espera venha a ser o resultado desta Convenção e que espécie de União virá a ser estabelecida.

A comunicação foca os três temas que são objecto de análise nestes três contributos:

• A Presidência;
• O novo Ministro dos Negócios Estrangeiros; e
• O Conselho de Ministros.

Depois de fazer a análise das propostas/projecto exporei brevemente o que penso poder ser uma possível estrutura das instituições europeias, considerando as restrições políticas que virão a ser colocadas pelo poder de veto dos governos dos Estados membros na próxima Conferência Intergovernamental. Finalmente, em relação ao Projecto do Praesidium, traçarei um breve quadro daquilo que poderemos esperar desta Convenção relativamente à questão institucional.

---

[2] Duff A., Dini, L. *Uma Proposta de Presidência Unificada*. CONV 524/03.
[3] CONV 691/03
[4] Embora Lamberto Dini seja membro da Câmara Alta italiana, o Senado, é o Vice-Presidente do ELDR e por isso representa muito mais um ponto de vista "virado para a Europa" que italiano; e o que não é menos importante, o seu partido político, o Rinnovamento Italiano, não faz actualmente parte do governo de Berlusconi.
[5] Esta comunicação abstém-se de fazer outras propostas, mais "radicais" porque é interessante ver quão distantes ou quão próximas estão as propostas moderadas das diferentes instituições/Estados membros do debate "orientado para o consenso" sobre o futuro da UE.

Estes contributos serão analisados à luz de princípios relacionados com a necessidade imperativa de reformas institucionais que tornem a União Europeia mais transparente, responsável e compreensível para os cidadãos, embora tendo em conta a sua exequibilidade política.

As duas propostas

As propostas, Duff/Dini e franco-alemã, representam dois pólos diferentes do actual debate sobre o futuro da Europa. Andrew Duff é conhecido pelas suas veementes posições pró-integração com base numa visão federal para a Europa, enquanto o Governo Francês é conhecido por apoiar, em geral, a integração europeia se bem que fazendo uma abordagem intergovernamental. Assim, quais são as principais diferenças entre estas duas propostas, sendo que ambas tratam da futura estrutura institucional da União Europeia?

Ambas as propostas se centram na Presidência da União. No entanto, a diferença entre as abordagens feitas, no debate sobre o futuro da UE, pelos dois governos e pelos dois parlamentares, é claramente evidente. Paris e Berlim sugerem uma presidência dual, o que significa um Presidente do Conselho Europeu permanente, separado do cargo de Presidente da Comissão. Na sua proposta, os dois governos esclarecem que gostariam de ver os dois órgãos executivos da União Europeia, que fazem parte das diferentes instituições (o Conselho e a Comissão), serem presididos por presidentes diferentes, embora ambos com mandatos longos. Este cenário, de acordo com a proposta franco-alemã, preservaria o equilíbrio institucional da União e garantiria que o Conselho e a Comissão permanecessem instituições intrinsecamente separadas, tendo, cada uma, funções diferentes na estrutura institucional da UE e consequentemente presidentes diferentes a defender os seus respectivos interesses. O novo presidente do Conselho presidiria ao Conselho Europeu e ao Conselho de Assuntos Gerais e representaria a União a nível internacional. Seria eleito(a), por maioria qualificada no Conselho Europeu. Para contrabalançar o novo presidente permanente do Conselho Europeu, Paris e Berlim propõem um presidente da Comissão reforçado, eleito por maioria qualificada, no Parlamento Europeu (a seguir à eleição do PE) e confirmado por uma maioria qualificada do Conselho Europeu. É de realçar que esta proposta resulta da fusão de duas propostas distintas, a alemã e a francesa. A Alemanha defendia inicialmente a ideia de um Presidente da Comissão/Conselho Europeu e um Ministro dos Negócios Estrangeiros da UE com dupla função, enquanto os franceses defendiam um Presidente do Conselho Europeu diferente, com um mandato longo e a continuação da distinção entre Alto Representante e Comissário para os Negócios Estrangeiros.

Duff e Dini propõem um Presidente da Comissão/Conselho único (ou de "duplo chapéu") a que se referem como "Presidente da União". O que implicaria que o Presidente da Comissão seria também o Presidente do Conselho Europeu. Os dois *Convencionistas* defendem que a junção dos dois cargos melhoraria a eficiência da UE e tornaria a União mais transparente. Argumentam que a presidência de duplo chapéu seria um passo em frente no caminho da transparência e da eficácia. A coordenação entre o Conselho e a Comissão melhoraria muitíssimo, conduzindo a uma União que usaria os seus poderes e recursos políticos de modo muito mais eficiente do que o que tem acontecido até agora. De acordo com a proposta de Duff e Dini, aquele(a) seria eleito(a) por maioria qualificada no Conselho e aprovado(a) pelo Parlamento Europeu, uma vez que a eleição pelo Parlamento Europeu o(a) tornaria potencialmente dependente dos partidos políticos representados no PE.

Relativamente à questão da representação externa da UE, a proposta franco-alemã é favorável a um novo Ministro dos Negócios Estrangeiros, que conjugaria as funções actualmente exercidas por Chris Patten (Comissário para as Relações Externas) e Javier Solana (Alto Representante para a Política Externa); o que é frequentemente designado como um Ministro dos Negócios Estrangeiros de "duplo chapéu". Este novo Ministro dos Negócios Estrangeiros seria eleito por uma maioria qualificada do Conselho e, nos termos da proposta franco-alemã, faria parte da Comissão (com um "estatuto especial", o que significa sem direito de voto) e presidiria ao Conselho de Ministros dos Negócios Estrangeiros (agora separado do Conselho de Assuntos Gerais). No entanto, os dois governos esclareceram que pretendiam que o novo presidente do Conselho permanente representasse também a União a nível internacional, o que parece ter grande probabilidade de gerar conflitos ou mensagens confusas para o mundo exterior. Os dois liberais concordam com os franceses e os alemães sobre esta matéria dado que também propõem um Ministro dos Negócios Estrangeiros com "duplo chapéu". Duff e Dini sugerem que o novo Ministro dos Negócios Estrangeiros deveria representar a União no estrangeiro, mas não seria posto em causa nesta função pela sua versão de "Presidente da União". Ambas as propostas argumentam que o "duplo chapéu" tornaria as acções de política externa da União mais eficazes, transparentes e compreensíveis dado que estas se tornariam mais claras, não só para o público europeu, mas também para os responsáveis pela política externa de países terceiros. A confusão de competências e a potencial rivalidade entre as funções de Solana e Patten ficaria enterrada.

Relativamente ao Conselho de Ministros, os Governos Francês e Alemão propõem que este seja dividido em dois órgãos um conselho legislativo e um executivo. O primeiro seria constituído pelo Conselho Geral, o Conselho para a Política Externa e Segurança, o Conselho de Economia e Finanças e o Conselho de Justiça e dos Assuntos Internos. O Conselho Geral também seria presidido pelo Presidente do Conselho, enquanto o Conselho para a Política Externa e Segurança seria presidido pelo novo Ministro dos Negócios Estrangeiros. Relativamente à presidência do órgão legislativo, a proposta franco-alemã permanece algo ambígua ao referir a necessidade de "participação igual dos Estados membros baseada num sistema de rotatividade".

A proposta Duff/Dini também sugere que o Conselho de Ministros seja dividido num Conselho executivo e num legislativo. O Conselho executivo seria presidido pelo Presidente da União (Conselho Geral), pelo Ministro dos Negócios Estrangeiros (Conselho para a Política Externa) e pelos Vice-Presidentes da Comissão responsáveis pelas respectivas pastas, que na proposta de Duff/Dini presidiriam aos outros dois conselhos executivos (Económico e Social e Justiça e Assuntos Internos). Os dois liberais chamam a atenção para o facto de o papel do Presidente do Conselho legislativo ser semelhante ao papel do Presidente do Parlamento Europeu, nomeadamente aplicando os regulamentos internos, sendo o porta-voz da câmara na relação com as outras instituições, representando a câmara em matéria jurídica, financeira e administrativa e cumprindo deveres protocolares. Partindo deste argumento, Duff e Dini propõem que a Presidência do Conselho legislativo (que designam como "Conselho Jurídico") deveria continuar a ser rotativa de acordo com a actual norma dos seis meses.

O Projecto do Praesidium

Em 22 de Abril de 2003 o Presidente da Convenção decidiu fazer um anteprojecto e deixá-lo sair para a imprensa antes de o Praesidium ter possibilidade de o discutir. Tal terá sido feito, presumivelmente, para aplacar o terreno no Praesidium, uma vez que a sua proposta era mais consentânea com a posição dos Estados membros maiores do que com o sentimento geral do plenário da Convenção. A proposta de Giscard foi suavizada mas o Praesidium teve de recorrer à votação em diversas matérias, contrariando o processo de decisão habitual baseado na procura de consenso e evitando os votos explícitos.

A proposta do Praesidium propõe uma Presidência permanente do Conselho Europeu (em oposição a presidente)[6], eleita por maioria qualificada deste. O projecto de artigo 16.°a estabelece que o Presidente tem de ser um membro actual do Conselho Europeu ou que o tenha sido pelo menos durante dois anos. Estabelecendo explicitamente que o Presidente não pode ser membro de qualquer outra instituição europeia (impedindo, assim, um Presidente da Comissão/Conselho de "duplo chapéu") nem estar no exercício de um mandato nacional. O Conselho Europeu reúne uma vez por trimestre e o Presidente pode, de acordo com o artigo 16.° do projecto, convocar sessões extraordinárias se a situação o exigir. O Praesidium eliminou a proposta de Giscard de um secretariado de apoio ao Presidente do Conselho Europeu, constituído por sete membros. No entanto, o artigo 16.°a do projecto deixa em aberto a opção de criar uma mesa permanente constituída por três membros. Nos termos do projecto, o Presidente da Comissão Europeia seria eleito por uma maioria qualificada do Conselho Europeu e o Parlamento Europeu necessitaria de dar o seu consentimento, sendo requerida a maioria dos seus membros. O Presidente da Comissão pode estabelecer as normas de funcionamento da Comissão e também pode escolher o seu gabinete a partir de uma lista de candidatos elaborada pelos Estados membros. A proposta de projecto também especifica a função de Ministro dos Negócios Estrangeiros Europeu. O artigo 19 da proposta estabelece que o Conselho Europeu elege o Ministro dos Negócios Estrangeiros e o Presidente da Comissão terá de dar o seu assentimento. Também se prevê que o Ministro dos Negócios Estrangeiros seja igualmente Vice-Presidente da Comissão e que esteja, no exercício das suas responsabilidades ao nível da Comissão, submetido aos processos que regem o funcionamento desta. No entanto, o seu mandato para elaboração de uma política externa comum é-lhe conferido pelo Conselho Europeu.

---

6 *(Nota do tradutor)* O autor faz aqui a distinção entre "Chair" e "President"; na tradução oficial portuguesa destes artigos não é feita esta diferenciação, sendo sempre utilizada a palavra "Presidente", pelo que passará a ser esta a utilizada neste texto.

Os artigos 17.° e 17.°a propostos pelo Praesidium, relativos ao Conselho de Ministros e à sua formação, prevêem que o mesmo seja dividido num conselho legislativo e num executivo. Mencionando a criação de diversos conselhos, nomeadamente o Geral, o dos Negócios Estrangeiros, o dos Assuntos Económicos e Financeiros e o da Justiça e Segurança. A presidência dos diferentes conselhos executivos deve ser assegurada por diferentes Estados membros numa base rotativa e por um período mínimo de um ano, sendo, no entanto, o Conselho dos Negócios Estrangeiros presidido pelo novo Ministro dos Negócios Estrangeiros. Não está previsto que o Presidente do Conselho Europeu presida a qualquer formação do Conselho de Ministros.

Liderar a União Europeia – Um ponto de vista

A Presidência

Os poderes executivos da União foram aumentando ao longo dos anos e encontram-se actualmente distribuídos pela Comissão, pelo Conselho Europeu, pelo Conselho de Assuntos Gerais e pelo Alto Representante para a PESC. O facto de a UE se ter tornado um sistema político em que os poderes executivos não estão concentrados numa só instituição (ou seja, a falta de um governo da UE) significa que não é claro quem desempenha que função, ou quem detém que competências nem perante quem estes diferentes executivos respondem. Considerando a necessidade de simplificação da União e de a tornar mais democrática, transparente e eficaz, parece absolutamente lógico ser a favor de um presidente de "duplo chapéu". Este presidiria ao Conselho Europeu e à Comissão, podendo assim estruturar melhor a União e torná-la mais eficaz e transparente. No entanto, há dois problemas nesta proposta de uma Presidência da UE de "duplo chapéu". O primeiro é que tal significaria que o Conselho e a Comissão deixariam de ser independentes entre si. O segundo problema prende-se com o facto de ser politicamente impraticável ser o Conselho presidido pelo Presidente da Comissão, dado que a maioria dos Estados membros (incluindo pesos pesados como o Reino Unido, a França e a Espanha) não subscreveriam tal hipótese. Em vez de apresentar "os melhores cenários" hipotéticos, esta comunicação defende uma solução que sirva os interesses de uma União Europeia eficaz, transparente e democrática, que possa ao mesmo tempo alcançar realisticamente o assentimento dos Estados membros.

De modo a garantir o equilíbrio interinstitucional da UE, ao propor alterações à actual forma de governação, devemos ter em conta que o actual sistema de decisão da UE é concebido tendo por base quatro instituições separadas: o Parlamento, a Comissão, o Conselho Europeu e o Conselho de Ministros. Em que cada uma tem um papel diferente. A Comissão representa os interesses da União, actua como executivo independente fazendo cumprir e controlando a implementação de legislação da UE ao nível dos Estados membros e tem o poder de iniciativa legislativa ao nível da UE; o Parlamento Europeu representa os interesses dos cidadãos europeus; o Conselho Europeu representa os pontos de vista dos Chefes de Estado/Governo e o Conselho de Ministros representa os interesses dos governos dos Estados membros. É importante referir que, no sistema institucional original, o poder de decisão legislativo era, em larga medida, conferido apenas ao Conselho de Ministros, mas que actualmente é substancialmente partilhado com o Parlamento Europeu. Os quatro têm capacidade para aumentar a eficiência, responsabilidade e legitimidade democrática, no entanto, é importante manter o equilíbrio interinstitucional global e não perturbar este quadro institucional quadrilateral, dando a uma instituição consideravelmente mais (ou menos) poderes que às outras. Seguindo esta linha de argumentação, concluímos que tornar as instituições mais democráticas, transparentes e eficazes não pode significar a fusão das mesmas. Todas servem diferentes objectivos e desse modo garantem o funcionamento da UE na base de que os interesses dos cidadãos europeus, dos governos dos Estados membros e da própria União estão igualmente representados ao nível da União. O objectivo de quaisquer propostas deve ser no sentido de reforçar a eficácia individual das quatro para que as respectivas tarefas e competências sejam fortalecidas e mais claramente definidas. A sua independência deve ser reforçada e a cooperação fomentada.

A governação da União tornar-se-ia, possivelmente, mais simples e consequentemente mais compreensível para os cidadãos se houvesse apenas um presidente a presidir a todas as funções executivas da UE. No entanto, isso fundiria efectivamente o Conselho Europeu e a Comissão e tal significaria que a Comissão se tornaria cada vez mais um governo, com o respectivo presidente a presidir ao Conselho Europeu e por esse motivo apto a influenciar consideravelmente o processo de decisão dos Chefes de Estado/Governo ao nível da União. A União está alicerçada num quadro quadrilateral de instituições, porque tem de servir e garantir diferentes interesses e este é um forte argumento a favor de uma presidência dual, ou seja, um Presidente da Comissão, bem como um Presidente permanente do Conselho Europeu. Para evitar rivalidades entre os dois cargos, as áreas que são potencialmente de conflito, como o direito de iniciativa legislativa e a formulação de projectos e pontos de vista políticos de longo prazo relativos à União, devem ser resolvidos no tratado constitucional. Não é praticável estabelecer que haja duas figuras a presidir a duas instituições separadas, cada uma delas com poderes executivos e depois deixar que as duas pessoas discutam sobre quem tem a última palavra em caso de desacordo. Tal conduziria a um beco sem saída político entre os dois presidentes se os respectivos poderes e competências não estiverem claramente definidos.

O Conselho Europeu formula os seus pontos de vista em projectos políticos da UE de longo prazo que podem colidir com as prioridades legislativas da Comissão. Parece natural que no caso dos dois presidentes terem pontos de vista/propostas legislativas incompatíveis, os poderes da Comissão e do seu Presidente não sejam prejudicados. A Comissão representa os interesses da UE, enquanto o Conselho Europeu representa os interesses dos governos nacionais. Em tal caso, os dois presidentes seriam forçados a discutir o assunto, mas não seria permitido ao Presidente do Conselho forçar iniciativas legislativas da Comissão. A independência desta última não deverá poder ser posta em causa por um Presidente permanente do Conselho Europeu com poderes reforçados. Manter a independência da Comissão e impor a autoridade do respectivo Presidente face a um Presidente permanente do Conselho Europeu não sobreporia um ao outro, mas garantiria que nenhum ficaria inibido de cumprir o seu papel no quadro institucional quadrilateral europeu. Muito do sucesso da União assenta na arte do compromisso. Por exemplo, a votação por maioria qualificada não deu origem a uma situação em que os "pontos de vista da minoria" sejam constantemente ignorados e derrotados. Matérias de áreas políticas sujeitas a votação, por maioria qualificada, são ainda decididas, sempre que possível, por consenso e é raro os Estados membros serem formalmente derrotados[7]. O mesmo princípio dever-se-ia aplicar à relação entre os dois presidentes. Esta deveria alicerçar-se na cooperação e deveriam ser feitos todos os esforços possíveis para alcançar um acordo entre as prioridades da Comissão e do Conselho em termos de visão de longo prazo da UE e das consequentes iniciativas legislativas. Um Presidente permanente do Conselho Europeu não deve significar que esta instituição ganhe poderes adicionais, pois não seria no interesse do equilíbrio de

---

[7] Ver, por exemplo, Golub, J. (1999). Na sombra do voto. Processo de decisão na Comunidade Europeia na Organização Internacional: 733-764, vol. 53, n.º 4.

poderes interinstitucional da União se o Conselho Europeu influenciasse ou alterasse propostas legislativas concretas provenientes da Comissão. Todavia, seria no interesse da União, bem como dos governos dos Estados membros que as iniciativas legislativas recebessem, em princípio, a aprovação de ambos os presidentes. De facto, mesmo no actual sistema, a Comissão toma geralmente em atenção as opiniões e pontos de vista do Conselho quando faz propostas legislativas[8]. Para evitar becos sem saída parece adequado sugerir que o Presidente do Conselho tome parte, como observador, nas reuniões da Comissão e vice-versa; evidentemente que nenhum poderia tomar parte em qualquer votação mas deveriam poder expressar as suas opiniões. É importante que as duas instituições mantenham a independência mas que reforcem, todavia, a cooperação interinstitucional através da participação mútua nas reuniões. Tal permitiria à União aumentar a transparência e a eficácia política da Comissão, beneficiando igualmente o Conselho.

Uma outra matéria, estritamente ligada ao debate da Presidência da União, é a questão do modo de eleição do Presidente da Comissão[9]. Um argumento usado frequentemente contra a eleição do Presidente da Comissão pelo Parlamento Europeu é de que tal iria estabelecer um sistema de governação parlamentar *de facto*. O que, prossegue a argumentação, tornaria o Presidente dependente do Parlamento Europeu e faria perigar o papel da Comissão como órgão de iniciativa legislativa independente e como ramo executivo do sistema de governo da UE[10]. Este argumento sugere que, se os poderes do Presidente da Comissão derivarem directamente do Parlamento Europeu, as actividades da Comissão serão influenciadas pelas políticas dos partidos predominantes no Parlamento. Os defensores deste argumento gostariam de manter o *status quo,* ou seja, eleger o Presidente da Comissão por maioria qualificada no Conselho.

Nos termos das disposições actuais, o Conselho Europeu elege o Presidente da Comissão (até ao momento por unanimidade mas, nos termos das novas orientações de Nice, passará a ser por maioria qualificada). Ape-

---

[8] Tallberg J. (2003). "Os poderes de elaboração da agenda do Presidente do Conselho da UE", *Journal of European Public Policy,* vol. 10, n.º 1.

[9] A eleição do Presidente do Conselho seria feita inevitavelmente por maioria qualificada do Conselho Europeu, tal como foi proposto pelos Governos Francês e Alemão, pelo que não será debatida com detalhe.

[10] Entrevista de Lars Hoffmann com o assistente parlamentar de Andrew Duff, em Fevereiro de 2003.

sar disso, tal não conduziu a uma interdependência entre o Conselho e o Presidente da Comissão. Consequentemente, não é provável que a sua eleição pelo Parlamento Europeu provocasse este efeito. Além disso, o Parlamento já detém poderes de impugnação da Comissão. Isto não levou, no entanto, a que a Comissão se tornasse dependente do Parlamento Europeu. Estabelecer laços políticos mais estreitos entre a Comissão e o Parlamento não tem as mesmas implicações interinstitucionais que estabelecer tais laços entre a Comissão e o Conselho Europeu. Os primeiros dois são instituições da "Comunidade" no sentido de que, dentro do sistema de governação europeu, representam os interesses da União Europeia (Comissão) e dos cidadãos europeus (Parlamento Europeu). Realizam a sua própria agenda "Europeia" uma vez que o seu "círculo eleitoral" é o todo da UE, representam os interesses de toda a Comunidade. Associá-los, através da eleição do Presidente da Comissão pelo PE, fortaleceria ambas as instituições porque os poderes do PE (e o envolvimento durante a sua eleição) seriam aumentados e a legitimidade do Presidente da Comissão (e consequentemente o seu peso político) seria maior. O Conselho representa os interesses dos Estados membros e eleger o Presidente da Comissão não aumenta a legitimidade deste, dado o elo democrático ao eleitorado ser muito remoto. Além disso, ter o Presidente da Comissão eleito pelo Parlamento Europeu teria o efeito benéfico de garantir que as eleições para o Parlamento Europeu se tornassem politicamente mais importantes, de modo que, quer a afluência às urnas, quer a incidência numa campanha eleitoral orientada para a Europa, pudessem aumentar. Isto não colocaria necessariamente as eleições europeias em pé de igualdade com as eleições nacionais, mas seria um importante impulso para as eleições para o PE. Com o cargo de Presidente da Comissão a estar indirectamente dependente do resultado das eleições para o PE, votar tornar-se-ia muito mais apelativo para o público europeu porque, pela primeira vez, haveria uma matéria de dimensão europeia associada às eleições do PE, pois, até agora, as eleições europeias têm sido disputadas mais com base em temas de política nacional do que europeia. Um maior interesse pelas eleições da UE e, associado a isso, uma maior afluência às urnas aumentaria não só a legitimidade do Parlamento Europeu, mas da própria União como um todo. A União Europeia necessita de um público mais activo e consciente. Dar aos eleitores mais responsabilidade, ao associar as eleições do Parlamento Europeu à nomeação do Presidente da Comissão, teria exactamente esse efeito.

Tendo em consideração que o equilíbrio interinstitucional deve ser mantido, a tese defendida nesta comunicação é de que o Presidente da

Comissão deve ser eleito pelo Parlamento Europeu[11], e o Presidente do Conselho Europeu deve ser eleito por maioria qualificada do próprio Conselho Europeu.

O Ministro dos Negócios Estrangeiros

Embora as propostas franco-alemã e Duff/Dini apresentem diferentes pontos de vista sobre a futura estrutura da União Europeia, ambas chegam à mesma conclusão sobre esta questão, apoiando a ideia de um Ministro dos Negócios Estrangeiro de "duplo chapéu". Tendo isto em atenção, não constitui grande surpresa que a proposta do Praesidium também apresente o cargo de Ministro dos Negócios Estrangeiros. O facto de a UE ter, efectivamente, duas pessoas a tratar dos negócios estrangeiros e a falta de uma distinção clara entre as respectivas competências deu origem a que a fusão dos dois cargos esteja, desde há algum tempo, na agenda política. Porém, muitos governos têm mostrado resistência a esta ideia devido ao receio de perderem influência nacional em matéria de política externa europeia, ao duplicar, efectivamente, o peso do Alto Representante para a Política Externa e de Segurança Comum (PESC). Tal como se mencionou acima, o Governo Francês representa tradicionalmente uma posição pró-integração, embora de natureza intergovernamental, ou seja, pretende obter o equilíbrio entre, por um lado, fortalecer a própria União Europeia e ao mesmo tempo assegurar que os interesses dos Estados membros sejam preservados e respeitados. Mesmo assim, a França foi persuadida pelo Governo Alemão a aceitar um Ministro dos Negócios Estrangeiros "duplo chapéu". Os alemães há muito que desejam uma maior 'comunitarização' da política externa e de segurança, o que significaria juntar os cargos de Solana e de Patten. Os franceses, pelo contrário, no passado defendiam o fortalecimento do Alto Representante para a PESC, mas opunham-se à ideia de fundir este cargo com o de Comissário para as Relações Externas. Os franceses queriam evitar uma acumulação de poderes nesta área política de modo a garantir que os interesses nacionais (franceses) não fossem esquecidos.

A intenção de tornar a União mais eficaz, transparente e compreensível é exposta na Declaração de Laeken e é um objectivo importante que a

---

[11] Ver Hoffmann, L. (2002) Associar a política nacional à Europa – A tese oposta. *http://www.fedtrust.co.uk/Media/Linking_National_Politics.pdf*.

Convenção e a futura Constituição pretendem atingir. Fundir os cargos de Alto Representante para a PESC e de Comissário para as Relações Externas significaria que os poderes e competências do(a) novo(a) Ministro(a) dos Negócios Estrangeiros precisariam de ser claramente expostos no futuro tratado constitucional. Este(a) precisa que lhe seja dada a autoridade necessária para que possa conduzir de forma eficaz a política externa. Consequentemente, é importante que o Ministro dos Negócios Estrangeiros presida ao Conselho de Ministros relativo às matérias de Negócios Estrangeiros, Segurança e Defesa. Embora seja de esperar que a maioria das decisões seja tomada por unanimidade, é importante para a eficiência e transparência do sistema que as sessões do Conselho respectivo sejam presididas pela pessoa que detém a responsabilidade dos negócios estrangeiros europeus. Presidir ao Conselho tornaria a sua posição politicamente mais importante (crucial em matéria de negócios estrangeiros) e também aumentaria a transparência em matéria de política externa intergovernamental. É de salientar que o Ministro dos Negócios Estrangeiros só deveria presidir às sessões e não ter direito de voto, as decisões continuariam a ser tomadas pelos Estados membros – e dependendo das matérias, por unanimidade ou por maioria qualificada. Além disso, o Ministro dos Negócios Estrangeiros deveria ter poder de iniciativa nas matérias de política externa que fazem parte das competências da UE. Relativamente aos assuntos intergovernamentais o poder de iniciativa manter-se-ia no Conselho, mas o Ministro dos Negócios Estrangeiros, na qualidade de Presidente do Conselho de Ministros dos Negócios Estrangeiros, deveria poder emitir a sua opinião nestas matérias. Seria contraproducente criar este cargo e não conceder ao novo Ministro dos Negócios Estrangeiros a autoridade e os poderes necessários para o desempenho efectivo do mesmo. Para assegurar que o Ministro dos Negócios Estrangeiros se mantém plenamente informado, este deve fazer parte da Comissão (embora sem direito de voto) e do Conselho (igualmente sem direito de voto). O Ministro dos Negócios Estrangeiros poderá mediar com sucesso os diferentes pontos de vista existentes entre os membros do Conselho ou entre o Conselho e as outras instituições da UE. Pelo que se poderia tornar um cargo muito útil em termos de eficácia política, uma vez que, a União necessita de um mediador e agente interinstitucional e inter Estados membros de modo a aumentar a sua eficácia a nível internacional. A crise do Iraque demonstrou quão distantes estão as opiniões e prioridades dos Estados membros em matéria de política externa. Não se pretende insinuar que um ministro dos Negócios Estrangeiros a presidir ao Conselho dos Negócios

Estrangeiros poderia, por si só, ter evitado as dificuldades diplomáticas presentes, mas poderia ter talvez evitado que se abrissem brechas tão fundas como as que existem actualmente.

Outro assunto frequentemente levantado, neste contexto, é a questão da representação. A proposta franco-alemã insiste que o Presidente do Conselho Europeu se deve juntar ao novo Ministro dos Negócio Estrangeiros na representação externa da União. Esta não seria, porém, uma solução satisfatória dado os objectivos do actual processo de reforma que visam tornar a União Europeia mais eficaz e transparente. A esta luz, a representação externa da UE deve ser atribuída a uma única figura, o agora criado Ministro dos Negócios Estrangeiros. O Conselho Europeu representa os interesses dos Estados membros a nível europeu. Estes têm os seus próprios Ministros dos Negócios Estrangeiros para os representar a nível internacional. As relações externas e a política externa da UE devem ser representadas por uma figura que represente os interesses da União. Para além disso, ser representada por uma única figura e deste modo haver apenas uma voz aumentaria claramente o peso e a credibilidade política da UE em assuntos internacionais e aumentaria as credenciais e eficácia do novo Ministro dos Negócios Estrangeiros Europeu.

O Conselho de Ministros

O Conselho Europeu e o Conselho de Ministros desempenham diferentes tarefas, porém, são frequentemente confundidos, uma vez que, ambos se acolhem sob o amplo "guarda-chuva" do termo "Conselho". O Conselho Europeu desempenha um papel executivo enquanto o Conselho de Ministros cumpre funções quer executivas quer legislativas. Para atingir o objectivo do actual processo de reforma, tornar a União Europeia mais transparente e compreensível parece necessário dar o passo no sentido da reorganização do Conselho de Ministros. A esta luz, as três propostas, a franco-alemã e a Duff/Dini, bem como, o Projecto do Praesidium (projecto de artigo 19.º) sugerem a separação do Conselho de Ministros em dois órgãos, um Conselho executivo e um legislativo.

Nos termos do actual sistema o Estado membro que detém a presidência preside a todos os conselhos, executivos e legislativos por seis meses. A presidência do Conselho tem poderes para fixação da agenda (acrescentar assuntos à agenda), estruturação da agenda (dar a certos assuntos maior ou menor ênfase durante as reuniões do Conselho) exclusão da agenda (retirar assuntos da agenda)[12]. Porém, este tipo de liderança não é muito eficiente, uma vez que significa que a estrutura e o estilo de liderança mudam de seis em seis meses. Levar a cabo projectos políticos de longo prazo, bem como estratégias legislativas e executivas, torna-se relativamente difícil. Como consequência parece imperativo que o Conselho seja claramente dividido num órgão executivo e noutro legislativo e que o órgão executivo seja presidido de forma mais eficiente. A acumulação do poder de "elaboração da agenda"[13] torna óbvio que um presidente com um mandato longo deveria presidir apenas à parte executiva do Conselho e quer a proposta franco-alemã quer a Duff/Dini defendem este ponto de vista. Relativamente ao órgão legislativo do Conselho, a proposta Duff/Dini parece apontar na direcção correcta. O Conselho legislativo deve manter o sistema rotativo. A este respeito poderá ser mais correcto que diferentes países detenham a presidência dos diferentes órgãos legislativos do Conselho em simultâneo de modo que haja menor acumulação de poder em cada um dos Estados membros e para que haja também um menor intervalo entre as presidências de cada um dos Estados membros, o que é especialmente importante numa UE alargada.

Liderar o caminho? As perspectivas do Projecto do Praesidium

O Projecto do Praesidium tem recebido duras críticas dos membros do Parlamento Europeu, de representantes dos Estados membros mais pequenos, bem como dos seus representantes no Parlamento. As principais matérias de preocupação têm sido a questão do Presidente permanente para o Conselho Europeu e o método de eleição do Presidente da Comissão. Os temas relativos ao Ministro dos Negócios Estrangeiros permanente e à separação do Conselho de Ministros num conselho legislativo e num executivo demonstraram ser bem menos controversos.

Relativamente ao Presidente permanente do Conselho Europeu, os Estados membros mais pequenos receiam pela sua influência sobre esta instituição. Influência esta que tem sido salvaguardada pelo sistema rotativo e que se perderia, uma vez que o cargo de Presidente permanente seria preenchido por uma pessoa de 'grande peso' originária certamente de um

---

[12] Ver Tallberg J. (2003). *Os poderes de elaboração da agenda do Presidente do Conselho da UE,* no *Journal of European Public Policy:* 1-19, vol. 10, n.º 1.

[13] See Tallberg J. (2003).

dos Estados membros maiores. O Parlamento Europeu, bem como a Comissão, expressaram o seu receio de que o Presidente acumulasse novos poderes e fizesse perigar a posição da Comissão Europeia como único órgão com poder de iniciativa na legislação europeia. O Projecto do Praesidium, que é, de facto, uma versão suavizada da versão do próprio Giscard, é, na verdade, mais próximo da posição oficial da França, da Alemanha, da Espanha e do Reino Unido do que do ponto de vista maioritário da Convenção. A resistência à ideia de um presidente permanente tem sido muito maior do que Giscard esperava. A posição, especialmente dos pequenos Estados, parece ser mais persistente e determinada do que em anteriores rondas para a realização de reformas. Há apenas uma semana, os representantes dos Estados membros dos países do Benelux apresentaram uma alteração oficial aos artigos do Projecto do Praesidium relativos às instituições, afirmando claramente que são a favor da manutenção do sistema rotativo no Conselho de Ministros, mas que gostariam de ver o Presidente da Comissão a presidir ao Conselho Europeu, uma alteração na linha da ideia apresentada na proposta Duff/Dini.

Habitualmente as reformas do tratado da UE têm sido tradicionalmente dominadas pelos Estados membros maiores, particularmente pelo eixo franco-alemão (embora tendo em consideração a posição céptica do Reino Unido). A reunião efectuada pelos Estados membros mais pequenos, antes do Conselho de Atenas, em Abril, é um sinal claro que, desta vez, os Estados membros pequenos estão a falar a sério e não parece que a sua posição possa ser alterada com a ajuda de qualquer espécie de contrapartidas. É como se a maioria dos Estados pequenos tivesse acabado de descobrir que, durante a já próxima CIG, também têm direito de veto e que, sem o seu acordo, não podem ser implementadas quaisquer alterações ao tratado. O jogo é muito mais alto neste processo de reforma do tratado, do que foi nos dois anteriores. A União sofrerá sérias mudanças se uma nova constituição entrar em vigor e os Estados pequenos estão dispostos a lutar para não entregar o funcionamento da União aos Estados membros maiores.

A Comissão e o Parlamento não foram menos duros nas suas críticas. Os Deputados do PE organizaram-se em grupos de trabalho especiais para tratarem especificamente do projecto institucional e para apresentar alterações concordantes. Duff e Dini, desta vez com o apoio de um grupo de Deputados do PE, apresentaram alterações coerentes com a sua proposta inicial de um Presidente da Comissão/Conselho de "duplo chapéu".

O Presidente da Comissão Prodi não fez segredo da sua oposição à ideia de um Presidente permanente do Conselho Europeu e o próximo debate entre ele e Giscard, iniciado pelo Presidente da Convenção, irá, provavelmente, focar sobretudo este controverso assunto. Além disso, a Comissão apoiou a ideia do Parlamento Europeu (expressa esta semana) de vetar o tratado constitucional final se este mantivesse o Presidente permanente do Conselho Europeu.

O apoio à proposta foi igualmente forte do lado dos Estados membros grandes, especialmente do Reino Unido, Espanha e França. Consequentemente, não é de maneira nenhuma certo que o novo Presidente permanente do Conselho Europeu se venha a tornar uma realidade política. Parece que Giscard tentou apresentar um projecto institucional que fosse aceitável para os Estados membros maiores que têm tradicionalmente dominado as negociações de reforma do tratado. No entanto, quer ele, quer os Estados membros maiores, podem ter subestimado o nível de resistência quer dos Estados mais pequenos, quer da instituição europeia que anteriormente havia sido virtualmente excluída das reformas do tratado.

Ainda se pode esperar que os países mais pequenos, bem como a Comissão e o Parlamento Europeu se submetam à pressão dos Estados maiores e aceitem um Presidente permanente do Conselho Europeu. No entanto, a um preço que incluiria uma estrita limitação dos seus poderes políticos. Os Estados mais pequenos estão interessados em instituições europeias fortes porque receiam um conselho fortalecido por um poderoso presidente permanente que trabalhe sobretudo em benefício dos Estados maiores. A Comissão e o Parlamento Europeu podem também ser persuadidos a concordar com um presidente permanente e é duvidoso que o PE vete o tratado no seu todo por causa daquele (embora muito importante) único ponto. No entanto, as duas instituições irão querer ver o Presidente da Comissão eleito pelo PE e confirmado pelo Conselho Europeu e não o contrário e, considerando que mesmo o Governo do Reino Unido deu a entender que podia aceitar esta opção, é provável que figure no tratado constitucional final.

Finalmente, nesta comunicação ainda não se fez qualquer menção ao Congresso dos Povos que faz parte do documento do Praesidium e que se traduz numa reunião anual de Deputados do PE e dos deputados nacionais para a discussão do estado da União e o seu futuro desenvolvimento. Este Congresso, que é sobretudo uma ideia de Giscard, parece votado a desaparecer no final. O apoio à ideia é bastante fraco e é de esperar que o Praesidium o use para aliciar as instituições europeias e um certo número de Estados membros mais pequenos deixando-o cair na versão final para insistir num Presidente permanente do Conselho Europeu.

Assim, parece que podemos acabar com um novo Ministro dos Negócios Estrangeiros, Joschka Fischer, um Presidente permanente do Conselho Europeu, o primeiro certamente proveniente de um Estado membro pequeno, Rasmussen, um sistema rotativo no Conselho de Ministros, um Presidente da Comissão eleito pelo Parlamento Europeu e nenhum Congresso dos Povos. Ainda é de esperar que o tratado conceda a dose certa de poderes políticos às diferentes instituições para evitar uma situação, em que uma delas, especialmente o Conselho Europeu, se possa tornar demasiado poderosa e uma ameaça para o equilíbrio institucional tão importante para manter o funcionamento da UE.

A REFORMA INSTITUCIONAL NAS RESOLUÇÕES DA CONVENÇÃO SOBRE O FUTURO DA EUROPA [*]

Professor Doutor ALBRECHT WEBER
Faculdade de Direito da Universidade de Osnabrück

I. Introdução

A reforma das instituições da Comunidade reveste excepcional importância segundo o mandato dos Chefes de Governo na Cimeira de Laeken[1] com vista ao alargamento da CE/UE a 25 Estados membros. A minireforma da Cimeira de Nice revelou, claramente, que as reformas institucionais essenciais, apesar de longos anos de preparação através do competente círculo (Grupo dos Secretários de Estado, do Conselho Europeu), já não são mais de esperar. A Convenção Constitucional Europeia, sob a presidência de Giscard d'Estaing, que funcionou segundo o paradigma da Convenção para os Direitos Fundamentais como Assembleia pré-Constituinte, não transferiu a delicada questão da reforma institucional em oposição a outros temas importantes como, por exemplo, as questões de competência ("subsidariedade", "competências complementares") ou a "política externa", para um grupo de trabalho específico, tendo o Praesidium da Convenção chamado a si esta questão, apesar das múltiplas contribuições de membros da Convenção para a discussão. As propostas apresentadas pelo Presidente da Convenção, em 23 de Abril de 2003, suscitaram de uma forma inusitada a crítica de alguns membros do Praesi-

---

[*] Tradução da responsabilidade do Goethe Institut Lissabon.
Nota da tradutora: As indicações I, II e III que precedem os artigos indicam as partes do projecto em que os mesmos artigos se encontram.

[1] A Declaração de Laeken sobre o Futuro da União Europeia. V. também a síntese da sessão plenária da reunião de 20 e 21 de Janeiro de 2003 em Bruxelas, Conv. 508/03 de 27 de Janeiro de 2003.

dium e até de proeminentes membros da Convenção e, ao mesmo tempo, conduziram a um importante enfraquecimento das propostas apresentadas por Giscard (em especial quanto à função do Presidente do Conselho da UE). As propostas apresentadas em 12 de Junho pelo Praesidium que, fundamentalmente, o Conselho dos Chefes de Governo aprovou em 14 de Junho, permitem conhecer, na generalidade, a estrutura prevista.

A seguir, em vez de uma descrição detalhada do debate na Convenção sobre a reforma institucional, será apresentada a reforma institucional num "quadro institucional" mais amplo, pois, como é sabido, as "instituições constitucionais" não se movem num espaço vazio de poder, nem num quadro isento de legitimação.

A actual estrutura institucional que, mais tarde, dará lugar a uma organização fundida na personalidade jurídica "UE", será examinada (II) depois de se analisar o futuro aperfeiçoamento da estrutura orgânica e do modo de funcionamento (III) a divisão de funções entre a Comissão, o Conselho e o Parlamento no processo legislativo e orçamental (IV) bem como em matéria de política externa (V). A legitimação democrática dos órgãos constitucionais, bem como o seu papel posterior no processo de revisão constitucional, conjuntamente com a missão dos Parlamentos nacionais, dará lugar a uma primeira e prudente apreciação (VI).

II. O quadro institucional: A União Europeia como sujeito de direito internacional unitário

As propostas da Convenção Europeia visam a instituição de uma estrutura institucional unitária que funde os Tratados até aqui existentes – o da União Europeia (UE), por um lado, e os relativos a comunidades individuais [CE – Comunidade Europeia, CECA – Comunidade Europeia do Carvão e do Aço, CEEA – Comunidade Europeia da Energia Atómica (Euratom)], numa única comunidade.

1. A UE como sujeito de Direito Internacional com a sua própria personalidade jurídica

Tanto no relatório final do Grupo de Trabalho III sobre a "Personalidade Jurídica"[2] como no pré-projecto apresentado pela Convenção em 28

---

[2] Convenção Europeia, Conv. 305/02, de 1 de Outubro de 2002, Grupo de Trabalho III 16.

de Outubro de 2002 do Tratado Constitucional, e também no projecto concretizado pela Convenção de Tratado Constitucional de 16 de Fevereiro/ 12 de Junho de 2003, no seu artigo I-6, parte-se de uma única personalidade jurídica para a futura União Europeia. A opção de outorgar uma personalidade jurídica própria especial à UE, tal como existe actualmente, e de deixar permanecer a personalidade jurídica da Comunidade Europeia e do Euratom, foi quase unanimemente recusada. Além disso, foi proposto que a personalidade jurídica própria que será atribuída à União substitua as da CE e do Euratom e que a União apareça também como sucessora destas, do ponto de vista do Direito Internacional Público. Com isto, será decidida[3] em sentido positivo por força do Direito Constitucional a questão há muito tempo debatida para se decidir se a União Europeia já possui, segundo os actuais tratados, personalidade jurídica de Direito Internacional Público, se a mesma constitui uma organização internacional. Da fusão da personalidade jurídica da União e da Comunidade e, eventualmente, do Tratado Euratom resulta também uma fusão formal dos tratados num texto único. A fusão dos tratados até aqui existentes facilita também a dissolução da estrutura de pilares no que respeita ao Segundo e Terceiro Pilares, mesmo se isto ainda não implica necessariamente nenhuma solução definitiva quanto à estrutura da Comunidade e à aplicação do método comunitário ao Segundo e Terceiro Pilares. Oferece, porém, uma oportunidade para uma ulterior simplificação da arquitectura da União[4].

2. Consequências para a estrutura orgânica

Da personalidade jurídica da futura UE resulta automaticamente, pela fusão formal dos tratados comunitários actuais, uma estrutura orgânica unitária que existirá independentemente das áreas já comunitarizadas e das áreas que permanecerão ainda na cooperação governamental. Os actuais artigos 3.º ("quadro institucional único") e 5.º TUE, que estabelecem os fundamentos jurídicos de actuação dos órgãos da União, tornam-se desta forma dispensáveis.

---

[3] Ver, por exemplo, em sentido contrário Pechstein/König, Die Europäische Union, 3.ª ed., nota 85, com outras indicações; concordando, por exemplo, von Bogdandy/Nettesheim, Die Europäische Union: Ein einheitlicher Verband mit eigener Rechtspersönlichkeit, EuR 1996, pp. 3 e segs., com outras referências.

[4] Veja Recomendação n.ᵒˢ 3 e 4 do Grupo de Trabalho III 16 (Conv. 305/02).

Assim, o Projecto de Tratado Constitucional prevê no título IV um quadro institucional comum da União que abrange tanto as actividades da União como as áreas que serão desenvolvidas através de acções intergovernamentais. Aí estão, também, referidos os órgãos que necessitam ainda de uma descrição e ordenação mais precisa do ponto de vista constitucional: o Parlamento Europeu, o Conselho Europeu, o Conselho de Ministros, a Comissão, o Tribunal de Justiça. Sob a cobertura do sujeito jurídico único, a União Europeia deveria, agora, construir-se uma estrutura orgânica clara que, depois do esclarecimento das questões ainda em debate, tais como as da eleição do Presidente da Comissão e da posição do futuro Presidente do Conselho da UE, deveria conduzir a um novo equilíbrio institucional.

3. Consequências para as relações externas

A União, como sujeito unitário de direito internacional, deveria possibilitar uma intervenção mais forte no comércio internacional, mesmo se a actual divisão orgânica de competências quanto à celebração de tratados internacionais permanece, no essencial, a mesma. De qualquer modo, são--lhe garantidos a celebração de tratados, o direito de representação, o direito de legação, a possibilidade de ser membro de uma organização internacional (por exemplo, a adesão à Convenção Europeia dos Direitos do Homem e gozará, além disso, de privilégios e imunidades enquanto sujeito de direito internacional). Em especial na área do poder de celebração de tratados *(treaty making power)* deverá ser reexaminada a questão dos tratados mistos à luz da estrutura de competências em que, como até aqui, o Conselho autoriza a dar início às negociações e emite as directivas para as mesmas, enquanto a Comissão negoceia os tratados; o Conselho, finalmente, assina o acordo rubricado (artigos 300.º a 302.º, 310.º, TCE). O Grupo de Trabalho III, bem como o Grupo de Trabalho "Acção Externa" fizeram sobre este ponto as suas próprias propostas que necessitam ainda de um exame mais detalhado[5].

---

[5] Grupo de Trabalho III 16, Conv. 305/02 A.

III. A estrutura institucional

1. *Estrutura orgânica actual e futura*

A actual estrutura orgânica é determinada, desde o Tratado de Amesterdão até agora, pelos artigos 7.º, TCE, 7.º, n.º 1, TCECA e 3.º, n.º 1, TCEEA. A realização das tarefas confiadas às Comunidades é assegurada através das instituições – Parlamento Europeu, Conselho, Comissão, Tribunal de Justiça e Tribunal de Contas. Porque o artigo 7.º, n.º 1, TCE, tal como antes, apenas refere as cinco instituições mais importantes, as instituições referidas no artigo 7.º, n.º 2, que têm uma função consultiva como o Comité Económico e Social e o Comité das Regiões, são designadas como instituições acessórias[6]. Junto do Tribunal de Justiça existe, desde 1988, de acordo com o artigo 225.º, um Tribunal de 1.ª Instância que não é referido no artigo 7.º, TCE, nem como instituição principal, nem como instituição acessória. Além disso, é atribuída uma posição especial às pessoas colectivas instituídas pelo Direito primário que possuem a sua própria personalidade jurídica e são independentes. Sobressaem o Banco Europeu de Investimento e o Banco Central Europeu; além disso, existem vários organismos previstos nos tratados, como o Comité dos Representantes Permanentes – COREPER (artigo 207.º, TCE)[7].

Esta estrutura orgânica prevista nos Tratados é indirectamente completada através do Conselho Europeu, previsto no artigo 4.º, TUE, ainda que não seja expressamente referido no Tratado UE como instituição. Porém, é, sem dúvida, um órgão segundo o Tratado da União e, nessa medida, também órgão da CE[8]. Se o Conselho Europeu, enquanto órgão da União, é, ao mesmo tempo, uma instituição das Comunidades Europeias é uma questão a tratar posteriormente, uma vez que o Conselho Europeu será examinado a seguir enquanto órgão constitucional (artigos I-18 e I-20, do Projecto de Constituição de 12 de Junho de 2003).

A actual estrutura orgânica é, ao mesmo tempo, expressão de uma divisão de funções horizontal que se assemelha ao princípio da divisão de

---

[6] Sobre este ponto veja-se, desde logo, Hilf, Die Organisationsstruktur der EG, 1982, p. 17 s.

[7] V. para mais detalhes Callies, em Callies/Ruffert, Kommentar zu EU-Vertrag und EG-Vertrag, artigo 7.º, nota 5.

[8] Neste mesmo sentido, Oppermann, Europarecht, 2.ª ed., nota 299. Em sentido contrário, por exemplo, Schweitzer/Hummer, Europarecht, 5.ª ed., nota 189; neste sentido, também Wichard, em Callies/Ruffert (a.a.O.), *ob. cit.*, 4, nota 9.

poderes vigente nos Estados, mas que não deve ser, obrigatoriamente, equiparada e que, na doutrina e na jurisprudência do Tribunal de Justiça, geralmente é descrita como "equilíbrio institucional". Neste equilíbrio institucional, as funções não são concentradas num único órgão mas exercidas por diferentes instituições em interdependência. Deste modo, através da divisão de funções, obtém-se uma ponderação dos interesses dos Estados membros e da Comunidade. As funções de legislação e de execução são partilhadas entre o Conselho e a Comissão, enquanto o Parlamento exerce funções legislativas, consultivas e de controlo. O Tribunal de Justiça exerce uma função ampla de controlo jurídico. Este equilíbrio institucional assumiu, desde a jurisprudência do TJCE no caso *Meroni*, o papel de um princípio normativo e estruturante aplicável judicialmente[9]. Este equilíbrio institucional virá no futuro a desempenhar um papel importante na vida constitucional da União, quanto à atribuição das competências das instituições, mesmo que esta seja apenas muito ligeiramente modificada, pois a conservação do equilíbrio institucional pode ser vista como expressão de uma divisão de poderes comunitária, impondo que cada instituição exerça as suas funções tendo em consideração as competências das outras instituições. Mesmo que se formulem juízos críticos sobre esta orientação jurisdicional que parte da descrição das instituições como princípio normativo da divisão de funções institucionais[10], no futuro deverá ser tido em consideração este princípio jurisprudencial. A este propósito, dever-se-á estar atento, especificamente, às precisas modificações futuras dos actuais poderes legislativo, executivo e de controlo.

O pré-projecto do Tratado Constitucional de 28 de Outubro de 2002 via como futuras instituições o Conselho Europeu, o Conselho, a Comissão, o Tribunal de Justiça, o Tribunal de Contas, o Banco Central Europeu, os órgãos consultivos da União e um "Congresso dos Povos da Europa". Em contrapartida, o estudo de organização da Comissão, que foi apresentado como "contribuição" para o pré-projecto de uma Constituição da União Europeia, não prevê um "Conselho Europeu" nem um "Congresso dos Povos". O projecto da Comissão corresponde, afinal, na sua estrutura orgânica, à estrutura actualmente prevista no artigo 7.º, TCE, e onde, além disso, se atribui expressamente ao sistema europeu dos bancos centrais

---

[9] V. Callies, em Callies/Ruffert, artigo 7.º, nota 8, com outras referências.

[10] V. também W. Hummer, em Festschrift Verdroß, Das institutionelle Gleichgewicht als Strukturdeterminante der EG, 1979, pp. 483 e segs.; N. Nettesheim, em Grabitz/Hilf, EU-Kommentar, artigo 4.º, nota 6.

e ao Banco Central Europeu a qualidade de instituições (artigo 34.°, n.° 2). Em contrapartida, os órgãos referidos no título IV eram aí designados como "instituições" (Assembleia das Regiões, Comité Social e Económico, Banco Europeu de Investimento). Continuaria aqui, manifestamente, a divisão entre órgãos principais e acessórios.

Depois do encerramento das deliberações da Convenção e apresentação do título VI da parte III, que contém as disposições específicas sobre as instituições (capítulo I), o projecto final regressa a uma estrutura institucional simplificada, mencionando expressamente o "Conselho Europeu".

Não há nenhuma referência ao "Congresso dos Povos da Europa" proposto pelo Presidente da Convenção, por falta de suficiente apoio por parte desta. Finalmente, também não foram aceites as propostas iniciais para incluir no "quadro institucional" o Tribunal de Contas e o Banco Central Europeu que agora figuram entre os "outros órgãos e instituições" da União. (artigos I-29 a I-31). A estes outros órgãos e instituições pertencem também os "órgãos consultivos" já actualmente previstos no TCE, nomeadamente o Comité Económico e Social e o Comité das Regiões (artigo I-31).

Poder-se-á, por isso, no futuro, falar de instituições principais e instituições acessórias; as primeiras constituindo, enquanto "órgãos constitucionais" propriamente ditos, o cerne institucional da União. Com isto, o "Conselho Europeu" que hoje já actua como "órgão de direcção" (artigos 4.° e 13.°, TCE)[11], obtém expressamente a qualidade de instituição constitucional.

Neste contexto, não existe nenhuma visão de conjunto sobre o papel e função dos diferentes órgãos constitucionais. Apenas se podem, por isso, descrever as missões ou funções essenciais das instituições à luz das resoluções da Convenção Constitucional.

2. O Parlamento Europeu

O Parlamento Europeu (PE), que até aqui já era um órgão parlamentar comum à CE e à UE, é composto, de acordo com o artigo 190.°, por 626 deputados que, actualmente, representam 370,2 milhões de habitantes da CE. Esta solução reflecte um compromisso entre a igualdade dos Esta-

---

[11] Sobre o Conselho Europeu v. Oppermann, Europarecht, 2.ª ed., pp. 299 e segs.; Schweitzer/Hummer põe em causa a qualidade da instituição porque o artigo 4.°, n.° 1, TCE, não o inclui entre as instituições – Europarecht, 5.ª ed. com suplemento, n.° 189.

dos e a representação democrática segundo a população, em que os pequenos Estados membros são os grandes beneficiados. Actualmente, um deputado luxemburguês representa 72 000 cidadãos, ao passo que um alemão representa 829 000, um italiano 662 000 e um sueco 402 000[12]. Com base no Protocolo aprovado em Nice sobre a composição do Parlamento Europeu no final do processo de alargamento da União Europeia de 21 de Fevereiro de 2001, é limitado o número de deputados dos actuais membros da União Europeia a 535, enquanto o número máximo de deputados ao Parlamento foi fixado no Tratado de Amesterdão em 700 e no Tratado de Nice em 736. O chamado sistema de "proporcionalidade degressiva" leva manifestamente, no primeiro período eleitoral de 2004 a 2009 e seguintes, a uma maior deformação da representação, com prejuízo da representação a nível democrático-federal e benefício da igualdade dos Estados. O número máximo de 736 deputados e a proporcionalidade degressiva estão agora assentes no artigo I-19 do Projecto de Constituição.

Este modelo de um órgão unitário de representação com mais de 732 deputados e que, com menos do que isso, já tem dificuldade em cumprir as suas funções, conduz necessariamente a um maior enfraquecimento da componente democrática da representação dos deputados individuais, que apenas pode ser corrigida quando o critério de divisão proporcional for alterado. O Parlamento Europeu já tinha proposto na Conferência Governamental de Nice que o número de deputados ao Parlamento a eleger por cada Estado membro "fosse estabelecido na dependência da população, de acordo com um critério de divisão proporcional, em que, através de uma representação mínima de quatro lugares por Estado, fosse garantida uma base de igualdade dos Estados". Este critério de distribuição, correspondendo ao princípio da proporcionalidade, não foi, no entanto, aceite em Nice.

Esta situação equívoca da representação apenas poderia ser equilibrada quando o princípio dos limites máximos estabelecido no Conselho de Nice, no futuro, fosse substituído através de um sistema de representação proporcional nos Estados membros ou de um sistema de representação proporcional europeia para o Parlamento a eleger. Segundo o artigo 190.º, n.º 4, TCE, pode ser elaborado um projecto destinado a permitir a eleição por sufrágio universal directo, segundo um processo uniforme em todos os Estados membros ou baseado em princípios comuns a todos

---

[12] V. texto da Convenção, Conv. 477/03, de 10 de Janeiro de 2003, relativo ao modo de funcionamento das instituições, *ob. cit.,* p. 3.

os Estados membros. O Conselho, por decisões de 25 de Junho e de 23 de Setembro de 2002, decidiu-se pela possibilidade de princípios comuns, cujas regras deveriam ser, ainda, aprovadas pelos Estados membros segundo as suas normas constitucionais[13]. A decisão prevê fundamentalmente um sistema de eleição proporcional com uma certa liberdade de conformação para os Estados membros (incluindo a autorização de votos preferenciais nas votações por lista), a competência de base dos Estados membros no estabelecimento dos círculos eleitorais, sem, porém, pôr em causa o princípio da proporcionalidade, a incompatibilidade entre a participação no Parlamento Europeu e nos outros órgãos europeus e nos Parlamentos nacionais, bem como indicações no que respeita à data das votações. Em consonância com isto, o artigo 35.º do pré-projecto do Tratado de Constituição já prevê "um protocolo sobre as condições para a eleição do Parlamento Europeu segundo um processo unitário em todos os Estados membros". Foram estabelecidas pelo Praesidium da Convenção três opções correspondendo à introdução das decisões do Conselho de 25 de Junho e de 23 de Setembro de 2002, ou à adopção dos princípios fundamentais subjacentes à decisão ou, ainda, à introdução de um processo eleitoral realmente unitário. O Projecto de Constituição fixou-se no princípio da proporcionalidade degressiva e garante o princípio da igualdade dos Estados através de um número mínimo de quatro lugares por cada Estado membro (artigo I-19, n.º 2). Para o período eleitoral 2004-2009, como próximo período de legislatura, está prevista uma composição do PE com um número de lugares aumentado (732), que deixa a actual divisão, tanto quanto possível, sem modificações (por exemplo, Alemanha 99 lugares, Luxemburgo 6 lugares), mas a divisão final dos lugares foi reservada para uma decisão do Conselho Europeu, sob proposta do PE e com o acordo deste.

Além disso, a parte III contém o expresso mandato ao Parlamento para elaborar uma "lei europeia sobre as eleições gerais directas segundo um processo unitário ou princípios fundamentais comuns", que o Conselho deve aprovar por unanimidade (artigo III-227). Com isto estão estabelecidas as orientações para um processo eleitoral unitário que, pelo menos, corresponda aos princípios fundamentais estabelecidos.

---

[13] Decisão do Conselho de 21 de Maio de 2002 que altera o acto relativo à eleição dos representantes no Parlamento Europeu por sufrágio universal directo anexa à Decisão 76/787/CECA, CEE, Euratom do Conselho, de 20 de Setembro de 1976.

Além destas questões da legitimidade democrática dos representantes no Parlamento Europeu, de acordo com os critérios de divisão dos lugares ou do processo comum de eleições, existe um amplo consenso de que o Parlamento Europeu na sua mais importante função, a função legislativa, através da introdução do processo de co-decisão na legislação, deve ser claramente revalorizado e, deste modo, colocado no papel de um verdadeiro co-legislador. A Comissão teve também em vista no seu "estudo de exequibilidade" este processo de co-decisão quando aí refere que o Parlamento Europeu, juntamente com o Conselho, exerce a função legislativa sob proposta da Comissão (artigo 37.º). Tendo em consideração a simplificação e unificação das formas legislativas, devia, por esse meio, ser atribuído ao Parlamento um decisivo poder de co-decisão na legislação da União Europeia. Esta fundamental colocação em pé de igualdade já estava prevista no artigo 25.º do pré-projecto da Convenção Europeia (26 de Fevereiro de 2003) e está agora claramente regulada no artigo I-19, n.º 1, do Projecto de Constituição. Deste modo, o Parlamento exercerá no futuro o poder legislativo em colaboração com o Conselho, tanto no que respeita às leis europeias (os antigos regulamentos), bem como às leis quadro europeias (antigas directivas) (artigo I-33), enquanto os actos não legislativos podem ser delegados a determinadas instituições (artigo I-34). O Parlamento participa aqui, decisivamente, na delegação de competências regulamentares, artigo I-35, no que respeita à determinação do objectivo, conteúdo, âmbito de aplicação e período de vigência da delegação, estando ainda reconhecida a possibilidade de revogar a delegação ou de formular objecções.

Para além disso, foi proposto na Convenção que sejam concedidas competências orçamentais ilimitadas ao Parlamento e que, no futuro, se renuncie à divisão entre as despesas obrigatórias e não obrigatórias. Já hoje o Parlamento Europeu tem, em matéria de direito orçamental, um importante poder de co-decisão no quadro de uma concertação recíproca, na qual, no caso das despesas não obrigatórias, dentro de determinados limites, ele tem a última palavra, embora, nas despesas obrigatórias da CE (a maior parte do orçamento), o Conselho ainda tenha a preponderância. De qualquer modo, o projecto do Grupo de Trabalho competente para as "Finanças da União" (artigo 38.º-14) contém a proposta de exercício comum do poder orçamental entre o Parlamento Europeu e o Conselho segundo a modalidade de um plano orçamental anual, enquanto no artigo I-19, n.º 1, do Projecto de Constituição apenas se fala do "exercício da função orçamental".

Ao Parlamento será garantida, em princípio, uma posição de igualdade de tratamento no processo legislativo (e, eventualmente, também no processo orçamental); no entanto, o exacto papel do poder de nomeação e de controlo do Parlamento Europeu necessita ainda de um exame mais preciso. São reguladas as funções actualmente previstas para o Parlamento Europeu relativas à instituição de comissões de inquérito (ex-artigo 193; artigo III-230), ao direito de petição (ex-artigo 194; artigo III-231), ao Provedor de Justiça Europeu (ex-artigo 195; artigo III-232), ao direito de colocar questões (ex-artigo 197; artigo III-234), bem como ao direito de apresentar uma moção de desconfiança (ex-artigo 201; artigo III-238).

3. *O Conselho (Conselho de Ministros da União)*

A questão relativa ao papel que o Conselho deve assumir no futuro está referida, como muitas outras questões institucionais, na Declaração de Laeken sobre o futuro da União Europeia. Entre outras, invoca o Conselho Europeu a questão de saber se o papel do Conselho deve ser reforçado, se o Conselho deve exercer a função de legislador e uma função executiva e se as reuniões do Conselho na sua função legislativa devem ser mais transparentes. Também foram colocadas as questões do acesso aos documentos e do equilíbrio institucional. Não sendo, actualmente, ainda possível ter uma visão definitiva sobre as futuras competências do Conselho, a seguir prescindir-se-á das funções executivas e legislativas do Conselho de Ministros que foram objecto de atenção especial nas deliberações da Convenção. Trata-se apenas das funções do Conselho enquanto órgão comunitário, e não das do "Conselho dos Representantes Permanentes dos Estados membros", em que cabem as chamadas decisões do Conselho, "em sentido impróprio"[14]. Tanto quanto se pode perceber, as competências do Conselho enquanto órgão comunitário nas suas funções executiva, legislativa e orçamental, bem como de representação externa, de modificação constitucional dos tratados e de os complementar, não foram fundamentalmente modificadas. No que respeita à função *legislativa* do Conselho, a proposta de que este, no exercício desta função legislativa, deveria reunir-se, em princípio, em sessões públicas, foi claramente proposta pela Convenção. A transparência do processo legislativo é um elemento essen-

---

[14] A este propósito, Oppermann (nota 8), n.° 285.

cial num sistema de Estado democrático de direito. Esta questão está agora expressamente colocada na autonomia processual do Conselho (artigo III--142, n.º 3).

Uma outra questão que diz respeito ao modo de funcionamento do Conselho é a repartição, no futuro, das suas diferentes formações. Assim, foi autocriticamente constatado que "o Conselho para os Assuntos Gerais e Negócios Estrangeiros" dificilmente estaria em situação de assumir o seu papel de coordenação das restantes formações, que foi progressivamente crescendo. O Conselho Europeu já tinha decidido em Sevilha que as suas formações se deveriam limitar a nove; também foi sugerido separar, tanto quanto possível, as duas principais funções do Conselho para os Assuntos Gerais e Negócios Estrangeiros[15]. Um problema especial coloca-se a propósito da questão da Presidência por turnos ou rotação. O princípio da rotação oferece a vantagem inquestionável de todos os Estados membros, incluindo os pequenos Estados, se sentirem representados no mais importante órgão da Comunidade, circunstância que tem efeito quanto a um maior aprofundamento da consciência europeia nos Estados membros. Tendo em consideração a crescente complexidade e alargamento das funções, foi observado pelo Praesidium da Convenção que a falta de continuidade resultante da Presidência semestral e o futuro alargamento da Comunidade teriam ulteriormente efeitos fortemente negativos. O equilíbrio e a conjugação das exigências da eficácia e da adequada representação foram debatidos na Convenção, onde também se pensou num grupo mudando por turnos, numa Presidência central rotativa no "Conselho Europeu" ou no "Conselho dos Assuntos Gerais", ou na eleição dos presidentes das formações específicas do Conselho. No projecto de Constituição fala-se agora de um "Conselho Legislativo e dos Assuntos Gerais" para preparação das reuniões do Conselho Europeu e para assegurar a coerência dos trabalhos (artigo I-23, n.º 1) e ainda de um "Conselho dos Negócios Estrangeiros"; as outras formações do Conselho são deixadas à autonomia de decisão do Conselho Europeu (artigo I-23, n.º 3).

A Convenção, além disso, decidiu-se por um alargamento da modalidade de decisão por maioria qualificada, como princípio (artigo I-22, n.º 3), para, com vista ao alargamento da CE, se poder chegar a decisões mais eficazes. O mecanismo da ponderação dos votos adquire, por isso, uma maior importância; daí ter sido também colocada a questão de saber

---

[15] V., Grupo VII "Acção Externa", Conv. 459/02, bem como Conv. 477/03, de 10 de Janeiro de 2003.

se seriam necessárias as regras aprovadas em Nice segundo as quais, no caso de uma maioria qualificada, é exigida tanto a maioria dos votos ponderados, como a maioria dos membros do Conselho (até aqui dez) e uma maioria da população de 62% da União. De facto, parece que aqui o sistema de dupla maioria, isto é, a maioria dos Estados membros, e a maioria da população, na acepção da proposta da Comissão, deve ser perfeitamente suficiente. Consequentemente, prevê-se agora, no artigo I-24, n.º 1, que se atinge a maioria qualificada quando, pelo menos, a maioria dos Estados membros que represente no mínimo três quintos da população vote por uma resolução. No caso de um procedimento de resolução, sem proposta da Comissão ou sem iniciativa do Ministro dos Negócios Estrangeiros, será mesmo necessária uma "dupla" maioria mais elevada (artigo I-24, n.º 2)[16].

4. *O Conselho Europeu*

Como é sabido, o papel do Conselho Europeu, que, desde 1975, como Conselho Europeu dos Chefes de Estado e de Governo, se reúne integrando o Presidente da Comissão CE, os Ministros dos Negócios Estrangeiros e um membro da Comissão, foi discutido nos seus exactos contornos pela Convenção quase até ao fim. No pré-projecto apresentado pelo Praesidium em 28 de Outubro do ano passado, a reunião e as funções do Conselho Europeu deviam ser determinadas de forma mais detalhada, bem como a duração das funções e o modo de eleição do Presidente do Conselho Europeu, depois das necessárias discussões na Convenção (artigo 15, 15a). Era aí amplamente consensual que o Conselho devia conservar a sua função como órgão de direcção e de inspiração[17]. O Conselho Europeu é frequentemente designado como "super órgão" ou "órgão de direcção política", cuja eficiência deveria ser melhorada segundo a opinião maioritária da Convenção. Deixando de lado a questão do melhoramento da eficiência técnica, foi proposto que o papel do Conselho Europeu como órgão de recurso para situações de bloqueio nos diferentes Conselhos de Ministros devia, tanto quanto possível, ser reduzido para conservar e melhorar

---

[16] Está aqui prevista uma maioria de dois terços dos Estados membros mais três quintos da maioria da população.

[17] V. Oppermann (nota 8) n.º 301.

a sua função de direcção. É também claro que as conversas informais numa grande reunião, que futuramente abrangerá 52 pessoas, serão sempre mais difíceis e coloca-se igualmente a questão do procedimento de decisão[18]. A questão mais controversa gira à volta da posição do futuro "Presidente" que deveria exercer por um período mais dilatado os actuais poderes presidenciais, hoje limitados a um período de seis meses. As propostas de Giscard d'Estaing, apresentadas em 23 de Abril de 2003, de um presidente em funções durante cinco anos e de um Praesidium ao qual também deveriam pertencer, além do Presidente e dos Vice-Presidentes, um Ministro dos Negócios Estrangeiros Europeu, bem como dois chefes de Estado ou de Governo em funções, e ainda os respectivos Presidentes dos Conselhos Especializados tiveram mais ressonância, na medida em que as mesmas, manifestamente, não tinham sido acordadas com o Praesidium, nem com a Convenção[19]. Estas propostas do Presidente foram apoiadas, no entanto, muito seriamente pelo próprio Praesidium. À frente do Conselho estaria, a partir de agora, um Presidente eleito pelos Chefes de Estado e de Governo por maioria qualificada, por um mandato de dois anos e meio e que, em caso de reeleição, exerceria funções durante cinco anos (artigo I-21, n.º 1). O Presidente não terá quaisquer funções executivas directas – ao contrário do que anteriormente estava previsto na proposta franco-alemã do início de 2003 – mas assumirá a função de coordenação directiva e preparará as conferências cimeiras. Na delimitação relativamente às funções do Ministro dos Negócios Estrangeiros Europeu, que deverá unificar as funções do Alto Comissário da União Europeia para a Política Externa e de Segurança Comum e dos Representantes Permanentes ligados ao Conselho de Ministros Europeu para a Segurança e Relações Externas, o futuro Presidente do Conselho Europeu assumirá, no essencial, a representação externa da União nas matérias do âmbito das relações externas e de segurança comum (artigo I-21, n.º 2), o que, tendo em vista o futuro papel reforçado da PESC (Política Externa e de Segurança Comum) torna necessária uma definição mais clara quanto à função do Ministro dos Negócios Estrangeiros. Dado que, nas áreas abrangidas pelo método comunitário, a Comissão virá a ter, no que respeita ao seu poder de iniciativa em matéria de legislação, um papel ainda mais importante, é inevitavelmente necessário nas questões de política externa e de defesa a clara delimitação da função executiva para garantir uma efectiva

---

[18] V. Convenção 244/03, de 10 de Janeiro de 2003, "O funcionamento das instituições", n.º 33.

[19] V. FAZ (Frankfurter Allgemeine Zeitung), de 24 de Abril de 2003, p. 3.

política externa da Comunidade, como sempre foi justificadamente recomendado[20]. Ainda é muito cedo para descrever a futura regulamentação das competências do Conselho Europeu em relação aos restantes órgãos e ao equilíbrio institucional. Certo é apenas que uma responsabilização mais forte da Comissão perante o Conselho, tal como uma função executiva na acepção do controlo das decisões da Comissão, prevista anteriormente na proposta franco-alemã, desviaria intensamente o equilíbrio institucional até agora existente, em benefício do factor intergovernamental. A efectiva divisão de poderes entre o Parlamento, a Comissão e o Conselho apenas será conhecida quando as relações com a Comissão, em especial o processo de instituição e nomeação do Presidente da Comissão e dos seus Membros, forem esclarecidas.

5. *A Comissão*

Segundo o pré-projecto de Constituição, permanecia ainda em aberto a questão da composição da Comissão, a qual deve dispor futuramente de um poder de iniciativa exclusivo, com vista a uma redução adequada ou a um alargamento até 25 membros (artigo 18.º do pré-projecto). Já nas anteriores discussões no Plenário havia um acordo alargado de que a Comissão necessitava, o mais possível, de uma mais forte legitimação democrática e que a sua posição devia ser reforçada. A isso aderia também uma maioria que defendia que tanto o Conselho Europeu como o Parlamento Europeu deviam participar de alguma maneira no processo; a preponderância nesta função de nomeação foi respondida, no entanto, de forma diferente[21]. Além disso, ficou a impressão de que a maioria da Convenção pretendia, tal como antes, um membro da Comissão por Estado membro, embora mais tarde fosse admissível uma redução a fim de aumentar a eficiência. A proposta modificada do Praesidium prevê uma redução dos comissários dos actuais 20 para 15, podendo países não contemplados nomear comissários-adjuntos sem direito de voto. Esta proposta foi não só

---

[20] Como o membro da Comissão Vitorino, no seu discurso de 20 de Janeiro de 2003 notava: "Two competitive, two parallel executives would have neither transparency nor accountability." ["Dois executivos em concorrência e em paralelo não teriam nem transparência nem responsabilidade".]

[21] V. Síntese da sessão plenária de 20 e 21 de Janeiro de 2003, Conv. 508/03.

recusada pela Comissão da UE que, tal como antes, considera necessário um comissário por cada Estado membro[22], mas também encontrou forte oposição por parte dos pequenos Estados. O conflito entre a opção por uma redução e a conservação da igualdade de tratamento dos Estados membros representados na Comissão mostra que a questão da legitimidade democrática da Comissão, enquanto motor essencial e órgão de iniciativa da legislação comunitária, permanece, como antes, por clarificar. Enquanto não existir uma mais forte legitimação parlamentar-democrática dos membros individuais da Comissão a eleger pelo Parlamento, dificilmente será possível uma redução pelo menos no estádio inicial de adesão dos novos Estados. A questão, propriamente dita, do equilíbrio de poderes entre Parlamento, Conselho e Comissão será, porém, decidida com a questão da nomeação do Presidente da Comissão e do seu colégio. No futuro (depois de 2009), serão eleitos apenas 13 "Comissários Europeus" (com direito de voto) propostos pelo Presidente, escolhidos de uma lista proposta pelos Estados membros; além disso, haverá comissários sem direito de voto; o colégio no seu conjunto deve submeter-se ao voto do Parlamento Europeu (artigo I-26).

Segundo o actual processo que resulta das modificações introduzidas pelos Tratados de Amesterdão e de Nice, o Conselho, na sua formação como Conselho Europeu, designa por maioria qualificada um candidato para a função de Presidente da Comissão. Esta designação necessita do acordo do Parlamento Europeu por maioria simples (artigo 214.º, n.º 2, parágrafo 1, do Tratado CE). Além disso, o Conselho aprova por maioria qualificada e, em acordo com o Presidente proposto, com base numa lista de pessoas propostas pelos Estados membros, os futuros comissários a nomear. Finalmente, o Presidente deve sujeitar-se em conjunto com os outros membros da Comissão, a um voto de aprovação do Parlamento Europeu. Só após este voto o Conselho pode nomear o Presidente e os outros membros da Comissão (artigo 214.º, n.º 2, parágrafos 2 e 3, do Tratado CE). Não há dúvida de que, no futuro, o modo de escolha do Presidente da Comissão e dos seus colegas constituirá a chave para o futuro equilíbrio de poderes entre as instituições. Mais do que a questão da distribuição vertical de competências é a questão da instituição e nomeação, bem como a futura descrição das competências dos órgãos de importância central, não apenas para a estrutura orgânica mas também para a questão do modo de exercício do poder mais democrático-parlamentar, ou de um sistema misto parlamentar-presidencial.

---

[22] V. FAZ (Frankfurter Allgemeine Zeitung) de 2 de Maio de 2003.

Não causa admiração que os Estados defensores de um modelo presidencial ou "misto" aprovem do mesmo modo um papel dominante do Conselho Europeu na escolha do Presidente da Comissão, enquanto outros Estados, como a Alemanha e também pequenos Estados, valorizam o modo de nomeação parlamentar. A própria questão quanto ao futuro Presidente da Comissão dever ser primeiro designado sob proposta do Conselho Europeu (ainda que por maioria qualificada) e nomeado depois de um voto concordante do Parlamento, ou dever o Parlamento, logo no estádio da proposta, ser tido em consideração de modo mais significativo, na medida em que, por exemplo, se devam ter em conta os resultados das eleições para o Parlamento Europeu, não tem apenas um interesse processual subordinado. Aqui espelha-se, mais uma vez, o conflito latente sobre se se trata efectivamente de uma dupla legitimação na nomeação do chefe do executivo, ou se não se trata antes da futura eleição prévia do Presidente da Comissão através do Parlamento Europeu e se a confirmação pelo Conselho daí decorrente não inverte, necessariamente, as actuais relações de poder, vindo reforçar a tendência para uma forma de governo parlamentar. De acordo com a forma actual, parece existir um balanço equilibrado entre os órgãos de nomeação "Conselho Europeu" e PE. Efectivamente, existe uma proposta do Conselho Europeu mas ligada às correspondentes consultas (com o PE?) tendo em consideração as eleições para o mesmo. O Conselho Europeu propõe por maioria qualificada um candidato. Deste modo, o "órgão federativo" tem um (limitado) direito de iniciativa; o direito de designação está, porém, devido à eleição do Presidente, subordinado ao Parlamento. No caso de recusa, está prevista, também, a repetição do mesmo processo (artigo I-26). Fica em suspenso a questão quanto à forma como se exercerá o poder legislativo e ainda o controlo parlamentar relativamente aos outros dois órgãos, a Comissão e o Conselho de Ministros.

Muito interessante é a questão do equilíbrio entre os elementos parlamentares e presidenciais, que já foi discutida na III República Francesa onde o famoso juspublicista, Carré de Malberg, contrariava a opinião, segundo a qual o parlamentarismo clássico pressupunha um equilíbrio entre os órgãos do executivo e do legislativo. Afirmava, já em 1920, que o sistema de governo parlamentar se caracterizava por atribuir a primazia às Câmaras Legislativas sobre o Governo e que a soberania da nação se mutava numa soberania do Parlamento[23].

---

[23] V. Carré de Malberg, Contribution à la théorie générale de l'Etat, vol. 2, 1922, p. 49, e em RDP, 1931, 226.

Foi afirmado por alguns oradores, já no primeiro debate em Plenário, que a proposta franco-alemã do início do ano procurava fundamentalmente combinar dois elementos essencialmente incompatíveis – o sistema presidencial com o sistema parlamentar – sem que a exacta ordenação e equilíbrio fossem claras (Andrew Duff). Ultimamente, está por detrás disso a importante questão de saber se a dupla legitimação da Comunidade que, por um lado, resulta da representação unitária dos povos no Parlamento Europeu e, por outro, dos Governos representados no Conselho de Ministros ou no Conselho Europeu, "rompe" o sistema institucional. É certo que se deve separar a questão da legitimidade da aprovação e da modificação da Constituição, da legitimidade da estrutura orgânica. Mas é difícil esquecer que esta vai influenciar de forma permanente aquelas. Inversamente, um passo para uma maior parlamentarização dificilmente poderia evitar efeitos retroactivos sobre a função constituinte. Trata-se, actualmente, quanto a esta discussão da questão central quanto à forma futura da União Europeia[24].

6. *O Tribunal de Justiça*

Parece que a posição e função do Tribunal de Justiça, embora reforçada, não deverá ser grandemente modificada. Isto vale sobretudo para a questão da sobrecarga de trabalho dado que o Tribunal de Justiça, depois da entrada em vigor do Tratado de Nice, reunirá em Plenário de 25 juízes, ou enquanto Grande Secção, com 11 juízes e secções de três a cinco juízes. O Tribunal de 1.ª Instância (a seguir "Tribunal") reúne em secções de três a cinco juízes, podendo, porém, reunir também em Plenário ou confiar funções a um juiz único. O Tribunal de Justiça será composto, no futuro, por um juiz por cada Estado membro que até aqui era indicado pelo seu Governo. Quanto a este ponto, discute-se se as propostas dos Estados membros, como no caso da nomeação dos juízes dos tribunais superiores, não devem ser filtradas, eventualmente, por uma Comissão. Aqui seria,

---

[24] A ideia que frequentemente foi ventilada de fundir o cargo de Presidentes do Conselho e da Comissão (duplo chapéu) é, no entanto, muito menos feliz porque aqui as competências entre as Câmaras Legislativas e de resto entre executivo e legislativo seriam correntemente misturadas. Isto necessitaria uma legitimação parlamentar muito cautelosa que se oporia a um super poderoso Presidente.

em minha opinião, também adequado fazer participar o Parlamento Europeu. Corresponde à experiência histórica de todos os grandes "Tribunais Supremos" e dos Tribunais Constitucionais, que seja instituída uma adequada participação parlamentar no processo de nomeação dos juízes. No futuro deverá, também, definir-se se a autonomia do Tribunal de Justiça através da aprovação por maioria qualificada não apenas do Regulamento de Processo mas também, quando for caso disso, do Estatuto do Tribunal de Justiça[25]. Pouco clara, mas cheia de significado, parece a posição das Câmaras Especializadas evocadas no artigo I-28, que agora pertencem ao "Tribunal de Justiça" em sentido amplo (tal como o "Tribunal de Justiça" e o "Tribunal"). Se aqui se trata de uma instituição de instâncias de facto e de direito, com um claro fim de redução do trabalho deverá ainda ser discutido. Possivelmente, poderia aqui ser reforçada a delimitação relativamente às "funções genuinamente constitucionais" do TJCE. Finalmente, a questão relativa ao acesso mais fácil dos indivíduos ao Tribunal de Justiça através de recursos individuais ou fundados na Carta dos Direitos Fundamentais foi, até agora, respondida pelo próprio Tribunal de Justiça, quer com reservas, quer negativamente. A questão poderia, eventual e transitoriamente, atenuar-se através do alargamento da legitimidade processual (por exemplo, fazendo desaparecer o pressuposto de o demandante ter sido afectado directa e individualmente).

Conclusões finais

A reforma institucional da União Europeia/CE não é por acaso o mais difícil problema nas deliberações da Convenção Constitucional, pois trata-se aqui da questão decisiva da futura divisão horizontal da soberania supranacional, a sua posição e definição na acepção de um sistema recíproco de *checks and balances*. Como a actual Comunidade ou União já dispõe de órgãos comuns, como o Parlamento, o Conselho, a Comissão, o Tribunal de Justiça, o Tribunal de Contas, e ainda o Conselho Europeu, coloca-se menos a questão da introdução de novos órgãos (se deixarmos de lado algumas propostas individuais de criação, por exemplo, de um Congresso dos Povos ou de revalorização do Comité das Regiões, entre

---

[25] V. Conv. 477/03 "Modo de funcionamento das instituições".

outras), tratando-se muito mais de equilibrar as relações dentro da divisão de funções actualmente existente. Para não equiparar, sem mais, a estrutura da União a um modelo de Constituição nacional, falou-se aqui de "divisão horizontal de funções". Cada sistema constitucional deve organizar um sistema preciso de regulamentação de competências e um direito organizatório, sendo, de qualquer modo, indiscutível que a "União supranacional" ou "Federação" (como quer que lhe queiramos chamar) já hoje dispõe de uma separação de funções e de uma limitação de funções ligadas à tradição constitucional da Europa Ocidental[26].

---

[26] Neste sentido, v. também T. Schmitz, *Integration der supranationalen Union*, 2002, p. 428.

4.ª SESSÃO
Conteúdo e valores da Constituição Europeia

VALEURS ET CONTENU
DE LA CONSTITUTION EUROPEENNE

Professeur Docteur VLAD CONSTANTINESCO
Université Robert Schuman (Strasbourg)

Introduction

Depuis la tenue de ce colloque, la Convention sur l'avenir des institutions européennes a terminé ses travaux, et les a présentés au Conseil européen de Thessalonique, sous la forme d'un *"projet de traité instituant la Constitution de l'Union européenne"*, ce qui a ouvert la voie à la Conférence intergouvernementale dont la Convention a été, cette fois-ci, le préalable inédit. Le moment est donc propice pour s'interroger sur quelques questions de principe, relatives aux valeurs et au contenu de la constitution européenne, avant que la procédure de révision ne suive son cours.

Les manuels de droit constitutionnel, du moins en France, définissent généralement la constitution à deux points de vue complémentaires, en distinguant la constitution *au sens matériel* du terme et la constitution *au sens formel* du terme.

Au sens *matériel*, relève de la constitution toute règle, quelle que soit sa dénomination formelle, dont l'objet est relatif à la dévolution et à l'organisation du pouvoir politique dans l'Etat, mais aussi – parce que cette préoccupation est liée à la notion de constitution – toute règle destinée à garantir les droits du citoyen dans l'Etat[1].

---

[1] Ainsi qu'en témoigne l'art. 16 de la Déclaration des droits de l'homme et du citoyen (1789): *"Toute société dans laquelle la garantie des droits n'est pas assurée, ni la séparation des pouvoirs déterminée, n'a point de constitution."* On notera que, selon cet article, la notion de constitution n'est pas obligatoirement liée à l'Etat …

Au sens *formel* du terme, on dira que la règle constitutionnelle est celle qui figure dans un texte spécifique, appelé constitution, adopté et révisable selon une procédure particulière, la procédure constituante, et qui bénéficie du rang le plus élevé parmi toutes les normes du droit interne.

Evoquer la constitution de l'Union européenne en train de se former oblige donc à mesurer successivement cette notion à l'aune du critère matériel et du critère formel de la constitution en tant qu'acte suprême du droit interne, tout en cherchant aussi à sortir de ce cadre d'analyse pour tenir compte des particularités du projet qui nous est présenté, et du moment auquel il se présente.

I. Eléments d'analyse matérielle du projet de traité instituant la Constitution européenne

Peut-on dire, d'ores et déjà, que l'on se trouve, avec ce texte, en présence d'une véritable et authentique "constitution européenne", soumise prochainement à l'approbation d'un pouvoir constituant européen? Cette première interrogation invite à réfléchir sur la pertinence de la notion de constitution appliquée au texte issu des travaux de la Convention. On sait que c'est là une question qui continue de diviser l'opinion publique, du moins celles des hommes politiques et celles des juristes et des politistes. Les thèses en présence sont simples et ont été rappelées à notre colloque.

A. *Thèses en présence*

Pour une grande majorité de spécialistes du droit constitutionnel interne, il y aurait un véritable abus de langage à utiliser le terme de "constitution" et à l'appliquer aux traités constitutifs actuels qui établissent l'Union et la Communauté européenne: l'Etat seul, en tant qu'unité politique, peut se doter d'une constitution, et il ne peut y voir de constitution, au sens juridique plein et entier du terme, *que* pour une organisation politique qui réponde aux critères et aux éléments constitutifs de l'Etat, que la doctrine convergente des Etats membres a dégagés depuis longtemps, et qui ne se rencontrent pas dans l'Union européenne. Ce serait donc forcer abusivement le sens de la notion de constitution ou lui donner une extension indue, que de l'admettre aujourd'hui dans un contexte qui ne peut pas être le sien et pour lequel elle ne représente rien de pertinent.

On aurait tort de penser que ce genre de querelle "nominaliste" est vaine ou dénuée d'importance: si les mots sont le ciment de la cité, il est fondamental de s'entendre avec précision sur leurs sens et sur leurs emplois.

A vrai dire, cette querelle sémantique et politique n'est pas nouvelle et n'a pas commencé avec les débats au sein de la Convention. L'émergence de la notion de "constitution européenne" est d'abord due à la jurisprudence de la Cour de justice des Communautés européennes, mais aussi, et c'est moins connu, à la jurisprudence de la Cour européenne des droits de l'homme (l'arrêt du 23 mars 1995, Loizidou c. Turquie utilise, à propos de la Convention, l'expression: "instrument constitutionnel de l'ordre public européen")[2]. C'est donc à partir de cette reconnaissance jurisprudentielle (qui a pu également servir les juges européens dans l'affirmation de leur qualité de "juges constitutionnels") et qui n'est certainement pas un *lapsus calami*, que l'on s'est mis à discuter en doctrine de la pertinence de l'expression de "constitution européenne", avant même que les discours des hommes politiques ne s'en emparent et ne la propagent ...

B. *Que recouvrent les réticences à l'égard de la constitution européenne?*

On peut partir des deux propositions suivantes:

– tout être, naturel ou artificiel, dispose nécessairement d'une constitution: dans ce sens très général le terme signifie simplement que tout être est constitué d'éléments qui le forment, lui donnent son identité, le configurent et le "constituent" au sens propre et dont l'agencement lui confère, selon les cas, robustesse ou débilité, solidité ou faiblesse;

– dans un sens juridique, on peut assimiler la constitution au statut fondamental de toute personne juridique, ou plus exactement à la norme (ou règle) qui lui confère son statut. Une société commer-

---

[2] Sur la notion de constitution européenne et de constitutionnalisation, voir les ouvrages de J. GERKRATH: *L'émergence d'un droit constitutionnel pour l'Europe* (Bruxelles, éd. de l'ULB), 1997, R-M. LLOPIS CARRASCO: *Constitución Europea: un concepto prematuro* (Valencia, Tirant lo Blanch), 2000, A. PETERS: *Elemente einer Theorie der Verfassung Europas* (Berlin, Duncker & Humblot), 2001.

ciale, une association, une organisation internationale[3] disposent donc d'une constitution au sens juridique – encore très général – du terme.

Dans les deux cas qui précèdent, l'extension signifiante du terme de "constitution" ne lui confère aucune spécificité ni aucune pertinence politique particulière: le mot sonne en effet creux, voire vide, et certains ont même pu se moquer, sous cet angle, de la "constitution européenne" en parlant d'une "*constitution Canada Dry*[4]"! Ce qui est aussi dénoncé, c'est le "tour de passe passe" politique que réaliserait le terme de "constitution européenne": son emploi laisserait croire que, par le biais d'une simple proclamation jurisprudentielle, ou par la conclusion d'un traité international, il serait possible d'aboutir à doter l'Union européenne d'un fondement juridico-politique analogue à celui qui sert de base aux Etats souverains, réalisant ainsi une assimilation forcée et hasardeuse (par le concours des volontés des peuples des Etats membres – et non par l'expression constituante d'un peuple européen inexistant aujourd'hui en tant que tel) de l'Union européenne a une sorte de "super-Etat".

Ces mises en garde sont certainement justifiées: elles ont le mérite d'insister pour que les processus fondateurs d'un ordre politique européen se fassent dans la clarté, même si elles peuvent aussi servir d'autres desseins, moins inspirés, comme celui de donner un coup d'arrêt à la re-fondation de l'ordre européen en cours, sous le prétexte d'une imposture constitutionnelle ...

C. *Pour une approche renouvelée de la notion de constitution européenne: peut-on penser la constitution indépendamment de l'Etat?*

On observera qu'au stade actuel on peut estimer, sans forcer les choses, que les traités instituant l'Union et la Communauté européenne, ainsi que les actes subséquents de révision de ces mêmes actes, les constitutions nationales (auxquelles il faudrait ajouter les statuts constitutionnels des

---

[3] La doctrine du droit international considère depuis longtemps que les traités constitutifs d'organisations internationales sont des constitutions au sens matériel comme au sens formel du terme. Le traité instituant l'OIT ne parle-t-il pas, explicitement, de la "constitution" de l'OIT?

[4] Boisson qui présente le goût et l'aspect de l'alcool, mais qui n'en est pas!

collectivités intra-étatiques), et les interactions qu'elles entretiennent avec les textes communautaires de caractère constitutionnel, sans oublier les obligations de la Convention européenne des droits de l'homme, forment, à l'échelle européenne, un véritable *réseau constitutionnel européen à plusieurs niveaux normatifs* (*a multilevel constitution*, selon les termes du professeur I. PERNICE), offerts aux interprétations d'une pluralité de juges nationaux et européens[5].

Au sens *matériel* du terme, il y a bien là une constitution européenne, qui se présente de manière certes complexe, disparate, peu lisible, guère ordonnée, mais qui fonctionne comme une constitution dans la mesure où les règles qu'elle énonce ont vocation à l'emporter sur les règles contraires, issues de l'ordre communautaire (le contrôle de la légalité des actes communautaires par la Cour de justice est matériellement un contrôle de la constitutionnalité) ou issues des droits nationaux (y compris lorsque ces règles nationales ont un caractère constitutionnel!). La principale difficulté posée par l'existence de ce réseau constitutionnel pan-européen est son caractère ouvert et non-hiérarchisé et l'absence de solution autre que la coordination volontaire pour résoudre les inévitables situations de conflit et de régulation des problèmes posés par la coexistence de solutions opposées dans une confrontation entre les niveaux, mais cohérentes à l'intérieur de chaque niveau.

En limitant simplement l'analyse à trois types de textes majeurs qui configurent ce réseau constitutionnel européen: les traités instituant l'Union et la Communauté européenne, la Convention européenne des droits de l'homme et les constitutions nationales, on constatera que chacun de ces textes bénéficie d'un monopole d'interprétation confié à une juridiction statuant en dernier ressort, sans que des mécanismes de prévention ou de règlement d'éventuels conflits de solution au fond aient été envisagés aux moments où chacun de ces ordres juridiques se constituaient ... Dans cette optique, penser une constitution véritablement européenne ne pourrait se limiter seulement à l'échelle de l'Union européenne: on propose de parler, dans ce cas, d'une constitution *pan-européenne* ... Mais revenons à la constitution de l'Union européenne proprement dite.

Cette constitution complexe n'est finalement que le reflet de l'objet – ô combien complexe lui aussi – auquel elle s'applique. On l'assez répété,

---

[5] La Chronique qu'assure à la RDP le professeur L. BURGORGUE LARSEN est exemplaire et significative de cet élargissement de l'espace normatif européen.

ni l'Union, ni la Communauté ne peuvent être considérées comme des Etats: il est aussi, semble-t-il, exclu que leur avenir s'incarne demain dans une forme étatique, dans un "super-Etat" ou dans un "Etat fédéral" (ce qui ne revient pas au même, en dépit de ceux qui prétendent, à tort, le contraire)[6]. Le paradigme de *l'Etat national souverain*[7] n'est en effet pas pertinent pour caractériser la forme actuelle et future de l'Union: c'est ce qui explique que, malgré des analogies passionnantes[8], la poursuite de la construction de l'Union européenne soit une entreprise sans précédent, condamnée par nature à inventer sa forme au fur et à mesure de sa propre marche, en l'adaptant sans cesse à ses forces motrices et réactives et à son environnement proche et lointain.

Si l'Union européenne ne relève pas le la catégorie de l'Etat, force est bien de constater qu'elle constitue tout de même une "entité politique"

---

[6] L'histoire des relations entre le fédéralisme, honnêtement compris, et la construction communautaire mériterait d'être un jour sérieusement entreprise. On y verrait comment les procès d'intention, la plus ou moins bonne foi, l'ignorance – largement volontaire –, la caricature et la désinformation s'y sont combinés, à travers le jeu contradictoire des diverses sensibilités nationales, pour travestir le fédéralisme et pour lui imputer exactement le contraire de ce qu'il est ... La tentative de décrire l'avenir de l'Union européenne par la formule d'une "fédération d'Etats nations", pour méritoire qu'elle soit du point de vue politique, demeure malgré tout dans le droit fil de cette confusion ...

[7] Ce qui veut dire qu'*a contrario*, il peut exister des formes d'Etat (composés plus qu'unitaires) qui reposeraient sur la coexistence de plusieurs nations: l"Etat multinational" (voir St. PIERRE-CAPS: *La Multination*, Paris, O. Jacob, 1995) ou la "fédération" de type helvétique, érigée par O. BEAUD en forme politique non-étatique, puisque parvenant à disséminer la souveraineté aux différents niveaux sans la concentrer au sommet de l'organisation publique comme le ferait, selon cet auteur, l'Etat fédéral (voir son article: *Fédéralisme et souveraineté. Notes pour une théorie constitutionnelle de la fédération*, RDP, 1998, p. 83).

[8] La rapide élaboration et ratification de la constitution des Etats Unis d'Amérique demeure un point de passage obligé: le problème politique de fond qu'ont résolu, dans l'ambiguïté, les Pères fondateurs, n'est pas si différent de celui qui s'est présenté devant la Convention: quelle proportion et quels domaines des affaires de gouvernement devront être tranchées par les institutions du centre, et que restera-t-il aux états? Mais le contexte local et mondial, les déterminants sociaux et culturels sont aujourd'hui d'une toute autre nature: ils interdisent de considérer la Convention de Philadelphie comme le précédent de la Convention sur l'avenir des institutions européennes. On aura malgré tout avantage à lire ou à relire les *Federalist Papers* (traduction française = Le Fédéraliste, Paris, LGDJ, 1957), et les ouvrages suivants qui mettent bien l'accent sur l'importance de la révolution politique américaine: D. LACORNE: *L'invention de la République. Le modèle américain*, Paris, Hachette (coll. Pluriel), 1991, Th. CHOPIN: *La République <une et divisible>*, Paris, Plon (coll. Commentaire), 2002.

(cette expression, vague, est utilisée à dessein pour le moment: on cherchera à la préciser ...), en ce sens qu'en son sein c'est un véritable pouvoir public partagé que les Etats membres ont décidé d'exercer en commun. En attribuant des compétences à la Communauté dans des domaines considérés comme "régaliens" (union monétaire, citoyenneté de l'Union européenne), en créant l'Union comme forme englobant pour partie la Communauté et pour partie les formes de coopération dans des domaines sensibles, et tout aussi régaliens, comme la politique étrangère et de sécurité commune ou la justice et les affaires intérieures, les Etats membres ont assurément institué un pouvoir de nature politique à l'échelle européenne. Ce pouvoir est exercé par des institutions spécifiques, représentant chacune les divers intérêts associés au processus d'intégration, agissant selon des procédures prédéterminées et codifiées en fonction des équilibres institutionnels voulus par les traités, aboutissant à des actes juridiques contraignants pour leurs destinataires et susceptibles de recours juridictionnels. On est donc bien en présence d'une "société politique", non étatique, organisée selon des modes différents de ceux qui régissent l'organisation politique des Etats mais qui répondent aux mêmes finalités que celles de l'art. 16 de la Déclaration des droits de l'homme et du citoyen[9]: séparer les pouvoirs et garantir les droits. C'est ce que les notions de *République sans Etat* (J.-L. QUERMONNE), d'*Espace (ou de Forum) public européen* (J. HABERMAS), de *Constitution post-nationale* (R. DAHRENBERG, P. HÄBERLE), expriment chacune à leur manière, en cherchant à qualifier et à définir cet étrange objet politique, longtemps considéré comme "non identifié", que propose à l'analyse l'Union européenne ...

L'emprisonnement du droit constitutionnel par l'Etat – si l'on peut risquer cette formule! – s'explique par les circonstances historiques de la formation de l'Etat lui-même et du droit spécifique qui lui est devenu applicable: le droit constitutionnel. On n'y reviendra pas dans le cadre limité de cette contribution. Mais il est peut-être possible de prendre du recul et d'augmenter la profondeur du champ de l'analyse classique, reposant en définitive sur la coïncidence Etat/Constitution, en utilisant les travaux de sociologie politique générale de Jean BAECHLER[10]?

---

[9] Cité déjà ci-dessus, note (1): *"Toute société dans laquelle la séparation des pouvoirs ni la garantie des droits n'est pas assurée, n'a point de constitution"*.

[10] Voir surtout: *Démocraties*, Paris, Calmann-Lévy, 1985, *Précis de démocratie*, Paris, Calmann-Lévy, 1994.

Selon cet auteur, il convient de recourir à la notion large, englobante, de *politie*, pour recadrer le pouvoir politique et le séparer de son incarnation devenue traditionnelle: l'Etat. Cette notion désigne tout groupement humain dont l'objet est, d'une part, de stabiliser et de développer les relations pacifiques entre ses membres, à l'intérieur, en bannissant le recours à la force à l'intérieur de la *politie*, et, d'autre part, d'assurer la sécurité collective du groupe, au besoin en recourant à la force, mais en la rejetant à l'extérieur, dans l'affrontement éventuel avec d'autres *polities*. Ce double mouvement: pacification interne, rejet de la force vers l'extérieur, à l'égard des autres *polities,* s'observe aussi bien pour la formation des Etats que pour l'intégration européenne et les autres zones d'intégration. La *politie* constitue ainsi la matrice politique qui permet de comprendre que l'Etat n'est pas un absolu, mais un cas particulier, une incarnation spécifique d'une tendance naturelle observable par l'étude historique des sociétés humaines. Le processus de construction de la *politie* européenne, engagé depuis plus d'un demi-siècle, peut en effet se comprendre grâce aux deux dimensions de la *politie*: substitution de rapports pacifiques, procéduralement réglés, aux procédés qui permettaient les néfastes affrontements anciens et dérivation extérieure des relations de force: la *politie* est un espace tendanciellement pacifié, la guerre étant repoussée au-delà de ses limites.

La notion de constitution européenne, telle qu'elle émerge à la fin des années 1980, marque précisément l'affirmation d'un important stade d'évolution de la *politie* européenne. Pour les différents acteurs qui y sont impliqués (gouvernements et administrations nationales, partis politiques, institutions européennes, hommes politiques, expressions diverses de la "société civile", groupes de pression, etc. ...) la constitution européenne répond à une réelle demande, qui correspond au souci essentiel exprimé dans la Déclaration n° 23 annexée au traité de Nice: fixer de façon plus claire la ligne de partage entre ce qui relève du pouvoir national et ce qui relève de l'exercice en commun du pouvoir européen, c'est-à-dire répondre à la question de savoir qui fait quoi en Europe? La constitution européenne arrêtera ainsi le statut de la *politie* européenne, sans pour autant la faire basculer vers quelque forme d'Etat que ce soit: elle manifeste une volonté de démocratisation de la *politie* européenne, qui rend compte en même temps de son propre mûrissement ou de sa propre prise de conscience en tant que *politie*.

D. *Qu'en est-il du projet de traité instituant la Constitution de l'Union européenne?*

L'entreprise qui a pris corps après la Déclaration n° 23 annexée au traité de Nice peut donc se comprendre avant tout comme la manifestation d'un objectif de pédagogie politique: la volonté des Etats membres d'introduire de l'ordre et de la lisibilité dans le foisonnement des textes communautaires de signification constitutionnelle. D'abord autour des quatre grands thèmes retenus à Nice, mais dont la Déclaration de Laeken allait déjà déborder jusqu'à ce que la Convention se reconnaisse libre de composer un texte d'ensemble présenté au Conseil européen: celui d'un *projet de traité instituant la Constitution de l'Union européenne*[11-12].

---

[11] A noter que parallèlement la question de l'incorporation des droits fondamentaux dans l'ordre juridique communautaire connaissait des spectaculaires avancées. D'une part, la technique de la Convention est inaugurée avec l'"enceinte", auto-proclamée Convention, qui, sur mandat du Conseil européen de Cologne, rédigera et présentera au Conseil européen de Nice (décembre 2000) la *Charte des droits fondamentaux de l'Union européenne,* à la fois "*restatement*" déclaratoire des droits d'ores et déjà garantis au sein de l'ordre juridique communautaire (par référence à la technique des principes généraux du droit, qui a permis d'introduire par ce biais la Convention européenne des droits de l'homme), mais aussi progrès et "*aggiornamento*" par rapport à la CEDH elle-même, puisque des droits nouveaux dignes de protection y seront aussi proclamés: dignité humaine, droit à l'intégrité de la personne, droit à une bonne administration, droit à la protection des données à caractère personnel etc. ... Dans le même temps, des représentants du Conseil de l'Europe furent associés aux travaux de la première Convention, marquant un rapprochement plus officiel entre les deux plus anciennes organisations européennes. S'il n'en fût pas de même pour la deuxième Convention, malgré les instantes demandes du Conseil de l'Europe, la question de l'adhésion de l'Union européenne à la Convention européenne des droits de l'homme, voire au Statut du Conseil de l'Europe n'est plus considérée, de part et d'autre, comme un tabou: voir l'art. I-7 § 2 du projet de traité instituant la constitution européenne.

[12] Le texte du projet de traité instituant la constitution de l'Union européenne se compose d'un Préambule, et de quatre parties. La Partie I se divise en 9 titres (T-I: définitions et objectifs de l'Union, T-II: les droits fondamentaux des citoyens de l'Union, T-III: les compétences de l'Union, T-IV: les institutions de l'Union, T-V: l'exercice des compétences de l'Union, T-VI: La vie démocratique de l'Union, T-VII: les finances de l'Union, T-VIII: l'Union et son environnement proche, T-IX: l'appartenance à l'Union, suivie de 3 annexes: un projet de protocole sur le rôle des parlements nationaux dans l'Union européenne, un projet de protocole sur l'application des principes de subsidiarité et de proportionnalité, un projet de protocole sur la représentation des citoyens au Parlement européen et la pondération des voix au Conseil. La Partie II reprend le texte de la Charte des droits fondamentaux de l'Union européenne, la Partie III devrait comprendre le régime des actions de l'Union, et la Partie IV est consacrée, selon l'usage, aux Dispositions générales et finales.

Précisément, cette formule n'est pas neutre: elle indique que la nature juridique de l'acte qui servira d'assise à l'Union européenne (et qui absorbera la Communauté européenne en ne s'en distinguant plus) demeure celle d'un instrument du droit international (un traité international), dont l'objet est revêtu d'un caractère constitutionnel. Peu de changement donc par rapport à la situation actuelle, dans laquelle la Cour de justice a pu dire que les traités instituant les Communautés européennes bien que se présentant sous la forme de traités internationaux, n'en constituaient pas moins la charte constitutionnelle d'une Communauté de droit. On en reste à la révélation d'une constitution de l'Union européenne au sens matériel du terme, dans la ligne de l'évolution antérieure, avec laquelle il n'y a pas de rupture.

Cette solution a aussi le mérite (ou l'ambiguïté prudente) de laisser dans l'ombre la question du titulaire du pouvoir constituant au sein de l'Union européenne: elle montre en tous cas la volonté des "conventionnels" de ne pas chercher à provoquer une "rupture qualitative brusque" dans l'évolution de la construction de l'Union européenne.

C'est donc ce texte, qui a fait l'objet d'un *consensus* au sein de la Convention, qui devra servir de base aux négociations entre représentants des gouvernements des Etats membres, qui s'engageront, sous présidence italienne, au cours du second semestre 2003, au sein d'une Conférence intergouvernementale appelée à terminer ses travaux pendant le premier semestre 2004, afin que l'élargissement de l'Union à dix nouveaux Etats puisse se matérialiser et coïncider avec les prochaines élections du Parlement européen au suffrage universel direct. Le fait d'avoir autant – et si rapidement – avancé depuis la déclaration de Laeken (14-15 décembre 2001), dans un exercice constituant d'une aussi grande ampleur et aux enjeux politiques d'une si grande complexité, est certainement à mettre au crédit de la présidence de la Convention, de son présidium, et de la méthode de travail choisie, qui s'est finalement révélée adaptée, non seulement à la rédaction de la Charte des droits fondamentaux de l'Union européenne, mais aussi à une entreprise constitutionnelle d'une toute autre envergure.

Ce succès, que l'on doit légitimement enregistrer et apprécier à sa juste valeur, parce qu'il n'était pas garanti d'avance, n'est cependant que provisoire: le calendrier à venir est, comme on l'a esquissé, étroitement serré et l'incertitude demeure sur la manière dont la CIG prendra en compte la totalité ou non du *consensus* intervenu à la Convention, ou sur la façon dont des compromis, acceptés *in fine* à la Convention, pourraient être remis en cause dans une enceinte comme la CIG où les "choses sérieuses" se discuteraient entre "gens sérieux", enfin seuls! Un moment de vérité peut survenir et risquer de mettre bas l'édifice patiemment construit pendant la Convention: qu'on se souvienne des dernières heures du Conseil européen de Nice! Ce qui conduit à s'interroger sur l'articulation entre la Convention et la CIG.

La question décisive sera en effet de savoir quelle sera l'autorité le projet de la Convention à l'égard des membres de la CIG: pourront-ils s'en écarter? à quelles conditions? ce texte les liera-t-ils? sont-ils libres de lui substituer un autre texte? Des réponses définitives seront certainement apportées par la pratique que suivra la CIG, mais il n'est pas interdit d'esquisser, avec les réserves d'usage, quelques perspectives possibles.

On a intérêt à distinguer entre l'analyse juridique et l'analyse politique, encore qu'il soit assez artificiel, et donc difficilement possible, de les séparer complètement ... D'un point de vue politique, on a fait observer qu'il s'est forgé au sein de la Convention un véritable *consensus* entre toutes les parties prenantes, en dépit de leur diversité d'origine, des intérêts divergents qu'elles incarnaient, de leur présence à part entière, ou pas encore, au sein de l'Union. Un tel *consensus* représente une force et une unité qu'il ne sera pas facile, pour tel gouvernement, de briser ou de remettre en cause ... On remarque aussi que les travaux de la Convention peuvent être considérés comme la première phase de la CIG, puisque y ont déjà siégé les personnalités, au titre des représentants des gouvernements nationaux, qui feront partie de la CIG et négocieront pour le compte de leurs gouvernements respectifs.

Mais ces personnalités, qui ont pu justement donner leur aval a un texte parce qu'elles le savaient non-contraignant, passeront "de l'autre côté du miroir": comme membres de la CIG, elles auront pour mission, sur instructions de leurs ministres des affaires étrangères, de défendre les positions officielles et les intérêts de leurs gouvernements, représentant leurs Etats. Ceci doit être mis en balance avec le fait d'avancer que le texte soumis par la Convention constituera probablement, sinon l'ordre du jour officiel et définitif de la CIG, du moins sa "feuille de route" politique, dont la CIG ne s'autorisera qu'exceptionnellement à s'écarter.

Cependant, et en droit, c'est bien l'actuel art. 48 du traité sur l'Union qui régira la procédure de révision engagée par la CIG: la Convention n'y est pas mentionnée et ne pouvait évidemment pas l'être, même si dans l'avenir, et si le projet de traité est adopté, la phase de la Convention sera incorporée, comme un préalable, à la procédure de révision qui s'appliquera une fois le nouveau traité adopté (cf. l'art. IV-6 du projet de traité instituant la constitution de l'Union européenne). La CIG arrête, à l'unanimité de ses membres, le texte de la révision qui doit ensuite être ratifié par chaque Etat membre selon ses procédures constitutionnelles nationales[13].

Telle qu'elle se présente, cette procédure est dominée, dans cette phase, par le principe de l'unanimité, qui confère donc à chaque membre de la CIG et à chaque Etat au stade de l'autorisation de la ratification de la révision, un droit de veto. C'est aussi la marque que l'on se trouve devant une procédure soumise aux principes fondateurs du droit international public, et notamment au principe de l'égalité souveraine des Etats. Chaque Etat peut donc tirer de ce droit de veto qui lui est conféré un moyen de pression pour orienter la négociation, pouvant aller éventuellement jusqu'à revenir sur un point consenti à l'issue de la Convention, en fonction d'une priorité nationale de fond ou de circonstance. Le projet de la Convention n'est donc pas juridiquement contraignant pour la CIG, même s'il peut sembler réaliste et opportun, compte tenu notamment de la contrainte des délais, de ne pas rouvrir les dossiers les plus difficilement bouclés par la Convention. Dans le cadre de la future et éventuelle version de la procédure de révision telle que prévue par le nouveau traité, l'art. IV-6. 2 *in fine* indique: *"La Convention examine les projets de révision et adopte par consensus une recommandation à la Conférence des représentants des gouvernements des Etats membres. [...]"*, ce qui corrobore ce qui précède: le texte de la Convention ne s'impose pas à la CIG.

Retenons deux conclusions de ceci:

– le *consensus* à la Convention ne garantit pas l'unanimité à la CIG;

– l'hypothèse d'un scénario type Danemark ou Irlande ne doit pas être exclue, d'autant que la phase d'autorisation de ratification impliquera maintenant 25 Etats ...

---

[13] La forme de l'expression du consentement de chaque Etat à être lié par la révision n'est pas prescrite par l'art. 48 T UE: l'autorisation de ratification peut être donnée par les parlements nationaux ou par voie de référendum, en fonction des indications données par les constitutions nationales: indirectement ou directement, elle repose toujours sur le consentement du peuple. On s'interroge, notamment à propos de ce projet de traité instituant la Constitution de l'Union européenne, sur la question de savoir s'il ne conviendrait pas que l'autorisation de sa ratification soit donnée le même jour dans tous les Etats membres par la voie directe du référendum, de manière à donner la solennité requise à l'opération constituante et à la lester d'un soubassement démocratique incontestable. Mais il conviendrait au préalable de réviser certaines constitutions nationales: celle de la République fédérale allemande, par exemple, qui ne connaît pas le référendum. Et une telle procédure n'exclurait pas, par elle-même, le risque d'un résultat négatif ...

Il convient maintenant d'apprécier ce projet de traité du point de vue formel et procédural, plus profondément que cela vient d'être proposé, quitte à revenir sur des problèmes déjà évoqués.

II. Eléments d'analyse formelle du projet de traité instituant la Constitution européenne

La constitution suisse (dont la dénomination officielle et exacte est: *"Constitution fédérale de la Confédération helvétique"*) distingue, s'agissant de la révision, deux hypothèses: celle de la révision totale et celle de la révision partielle. Les deux formes de révision se différencient non seulement par l'objet même de la révision, mais également par les conditions de forme et de procédure auxquelles elles sont soumises, puisque la révision totale peut aboutir à un profond changement du régime politique en bouleversant l'ensemble de l'ordre constitutionnel.

Si tel n'est pas le cas dans l'Union européenne, il convient de se demander ce que l'on a exactement entendu faire depuis la Déclaration n° 23, annexée au traité de Nice, et qui traçait les contours de la révision appelée à achever ce que le traité de Nice, après celui d'Amsterdam, n'avaient pas abouti à réaliser complètement: placer l'Union européenne en état de marche au moment de l'élargissement. S'agissait-il d'appeler à une révision partielle des traités instituant l'Union et la Communauté européenne, pour les rendre, à droit constant, plus lisibles et plus accessibles aux citoyens? ou s'agissait-il de repenser profondément les édifices de l'Union et de la Communauté, leurs structures, leurs institutions, leurs procédures et modes de décision, de manière à aboutir à tracer les plans d'un nouvel édifice dont il faudrait assurer la re-fondation?

A lire en décembre 2000 la Déclaration n° 23 relative à l'avenir de l'Union, on a plutôt l'impression que le dessein était alors celui d'une révision partielle, focalisée sur quatre dossiers d'importance certaine: la répartition des compétences, le statut de la Charte des droits fondamentaux, la simplification des traités, le rôle des parlements nationaux dans la construction européenne.

L'emploi de l'adverbe "notamment" n'excluait pas que la révision puisse porter sur d'autres domaines que ceux-là. Le sentiment que l'on retire de la lecture de la Déclaration de Laeken, un an après (décembre 2001), confirme l'amplification du champ de la révision, si bien qu'on peut penser qu'un signal politique en faveur d'une révision totale a été donné à cette occasion-là par les chefs d'Etat et de gouvernement aux membres de la Convention qu'ils venaient d'instituer et de convoquer.

Si l'on considère, sous cet angle, le texte du projet de traité instituant la constitution de l'Union européenne, on devra souligner qu'il ne se propose plus simplement de modifier, sur quelques points, les traités constitutifs actuels, mais bien de les remplacer dans leur totalité par un nouveau texte qui reste certes formellement un traité international, mais qui affirme en même temps, par son intitulé et les éléments de son contenu, un caractère matériellement constitutionnel: un *"traité-constitution"*, conforme aux vœux affichés par un certain nombre de responsables politiques nationaux.

Dès lors, il faut se demander si l'opération dont il s'agit prend bien place dans le cadre d'une révision des traités constitutifs ou correspond plutôt à la conclusion d'un nouveau traité? Des implications évidentes quant à la suite du processus dépendront de la réponse apportée à cette question.

Révision des traités constitutifs ou conclusion d'un nouveau traité-constitutionnel?

Les histoires constitutionnelles nationales, l'histoire de la construction européenne montrent qu'il se présente parfois des situations dans lesquelles la frontière entre la révision d'un ordre constitutionnel ancien et l'instauration d'un ordre constitutionnel nouveau est franchie par le pouvoir constituant. Les exemples illustres et anciens – fondateurs mêmes – de la révolution américaine et de la Révolution française (Etats-Généraux se transformant en Assemblée nationale constituante), en passant par l'établissement de la constitution helvétique[14], fournissent des modèles qui permettent de comprendre comment on est passé du mandat d'une simple révision de la constitution existante à la proclamation d'un ordre constitutionnel nouveau[15]. On partira de l'exemple de la Convention de Philadel-

---

[14] Pour une analyse comparée: N. SCHMITT: *Petit aperçu comparatif du fédéralisme en Suisse, en Allemagne et aux Etats-Unis*, Nice, Presses d'Europe, 1999.

[15] L'histoire constitutionnelle française ultérieure est riche de telles situations, qui ne seront que mentionnées pour mémoire, chacune d'elles ayant donné lieu à une très abondante bibliographie impossible à condenser ici:

– En 1871, l'Assemblée nationale élue à Bordeaux à la suite de la défaite militaire avait reçu comme mandat celui de se prononcer sur la poursuite de la guerre ou sur la con-

phie pour évoquer comment s'est effectué le basculement de l'exercice du pouvoir constituant dérivé vers le pouvoir constituant originaire.

Des différences évidentes et substantielles existent entre les deux Conventions, celle de Philadelphie et celle sur l'avenir de l'Union européenne. Les membres de la Convention de Philadelphie parlaient une même langue et partageaient une même culture, les 13 colonies, autoproclamées indépendantes et Etats souverains en 1776, ne possédaient ni l'ancienneté ni le poids des actuels Etats membres de l'Union européenne, la fin du XVIIIe siècle est bien loin du début du XXIe siècle, à tous égards, etc. ...

Cependant, au-delà de ces différences indéniables autant qu'éclatantes, ne peut-on découvrir quelques parallèles et suggérer quelques similitudes?

La révision des traités européens est régie par l'art. 48 du Traité sur l'Union. Cet article, inchangé depuis le traité de Rome, exige l'unanimité au sein de la Conférence intergouvernementale chargée d'arrêter les révisions des traités, et l'accomplissement par tous les Etats membres des formalités nationales de ratification. L'exigence d'unanimité (ici, d'une double unanimité) est bien entendu conforme au principe de l'égalité souveraine entre les Etats, paradigme, parfois mis à mal, de la société internationale et fondement théorique du droit international. Cette exigence peut aussi, comme on sait, se révéler réductrice des ambitions des Etats désireux d'aller de l'avant, et équivaut en fait à une prime donnée aux moins-disants ou aux moins audacieux des Etats membres.

La Convention de Philadelphie avait reçu comme mandat de réviser les Articles de Confédération (1781), qui établissaient les relations entre les 13 nouveaux Etats selon la formule souple, mais peu efficace, de la Confédération d'Etats. Pour cela, il lui fallait réunir par principe l'unanimité des délégués des Etats et l'unanimité des ratifications des Etats. Mais elle a décidé, assez vite et par une sorte de révolution camérale (qui allait

---

clusion de la paix avec la Prusse. Lentement, en cinq ans, cette assemblée se reconnaît un pouvoir constituant originaire qui permettra l'adoption des trois Lois constitutionnelles qui donneront naissance à la IIIe République.

– La loi constitutionnelle du 10 juillet 1940, qui remettra le pouvoir constituant originaire au gouvernement placé sous l'autorité du maréchal Pétain, a pu être qualifiée de "fraude à la constitution", en ce qu'elle ouvre la possibilité d'une nouvelle constitution sous le couvert d'une révision de l'ancienne, sans véritables garanties.

– La loi constitutionnelle du 3 juin 1958 a pu être rapprochée de ce dernier exemple: les garanties de fond et de procédure, notamment, qu'elle contient rendent toutefois peu convaincante cette assimilation.

inspirer en France l'auto-proclamation des Etats Généraux comme Assemblée constituante en 1789) d'abandonner les Articles de Confédération, de ne pas chercher à les réviser et de proposer, au contraire, une constitution nouvelle pour les Etats Unis.

L'art. VII de ce nouveau texte indiquait que la ratification par 9 Etats serait suffisante pour son entrée en vigueur, entre les Etats qui l'auraient ratifiée. La signature du texte de la nouvelle constitution par presque tous les délégués intervint le 17 septembre 1787. Sa ratification par 9 Etats survint le 21 juin 1788 (mais ni la Virginie, ni l'Etat de New York, Etats importants à l'époque, ne s'étaient encore prononcés ...), et finalement, le 27 mai 1790, les 13 Etats ratifièrent la constitution. Quelque 3 ans se sont écoulés pour que la Constitution soit adoptée par l'unanimité des Etats, mais la constitution était entrée en vigueur dès son acceptation (signature et ratification) par 9 Etats, conformément à ce qui avait été convenu. Encore une année, et tous les Etats accepteront le *Bill of Rights* (15 décembre 1791), cette déclarations des droits qui n'ouvre pas la constitution américaine, mais qui la clôt.

Quel parallèle tirer entre cet événement et ceux qui attendent la Convention et les Etats membres de l'Union européenne?

Le point crucial est l'abandon, à la Convention de Philadelphie, de l'exigence de l'unanimité pour mettre en vigueur la nouvelle constitution américaine: s'agissant d'établir un nouveau texte constitutionnel, et non simplement de réviser les anciens Articles de Confédération, les Pères fondateurs ne se sont pas considérés comme liés par les règles anciennes dont ils entendaient précisément se départir pour fonder un nouvel ordre constitutionnel.

Il est également intéressant de constater que, peu de temps après l'entrée en vigueur entre 9 Etats de la nouvelle constitution, tous les Etats américains allaient finalement s'y rallier. Les conventionnels américains venaient d'inventer, en quelque sorte, la *"coopération renforcée"*[16] en matière constitutionnelle...

Il faudra donc prêter une grande attention à la manière dont la Convention européenne rédigera la clause d'adoption du traité constitutionnel qu'elle proposera à la CIG. Un précédent existe, celui de l'art. 82 du Projet de traité instituant l'Union européenne porté par A. SPINELLI et adopté par le Parlement européen en février 1984: cet article prévoyait un double

---

[16] Qu'il vaudrait mieux appeler, comme Robert TOULEMON le propose, *intégration renforcée!*

mécanisme majoritaire pour l'entrée en vigueur du nouveau traité constitutionnel (majorité d'Etats membres dont la population forme les $^2/_3$ de la population globale de l'Union). L'idée pourrait être reprise et la clause d'adoption du traité constitutionnel pourrait spécifier, par exemple, que son entrée en vigueur sera subordonnée à la ratification d'une majorité (simple, ou renforcée), d'Etats membres, représentant une majorité significative ($^2/_3$, $^3/_4$) de la population de l'Union. Une telle clause signifierait certes une rupture avec l'exigence de la double unanimité, mais une rupture significative, puisqu'il ne s'agirait plus simplement d'apporter des amendements aux traités européens existants, mais de procéder à la fondation d'un nouvel "ordre constitutionnel d'Etats souverains", recentré pleinement sur la méthode, les institutions et les procédures communautaires[17]. Il appartiendrait ensuite aux Etats ayant ratifié, unis par le nouveau traité constitutionnel, d'engager des négociations avec les autres Etats, afin de les convaincre de les rejoindre.

Les objections ne manqueront pas et elles seront, à n'en pas douter, nombreuses, sérieuses et pertinentes. Sur le plan politique, on objectera la difficulté et les risques d'une telle entreprise, véritable "saut dans l'inconnu", au moment où semble s'essouffler l'élan européen des gouvernements de l'Union comme de ceux des Etats candidats. Sur le plan juridique, on fera valoir l'illicéité de ce qui sera présenté comme un coup de force juridique, contraire aux règles du droit international des traités et au droit communautaire: seule une révision, à la double unanimité, de l'art. 48 T UE pourrait autoriser un basculement vers une règle majoritaire de révision ... Un nouveau "traité constitutionnel" pourrait-il délier ceux des Etats membres qui le souscriraient de leurs obligations communautaires à l'égard des Etats qui n'y souscriraient pas? On multipliera aussi les objections pratiques: comment admettre une telle Europe à deux vitesses? comment, concrètement, faire coexister les anciennes Union et Communauté européennes et la nouvelle structure, dont l'appareil institutionnel serait sinon identique, du moins très proche? Ces objections pour sérieuses qu'elles soient, ne sont pas insurmontables, même si la place manque pour y répondre dans le cadre de cet article.

Toutes ces objections convergent aussi pour revenir vers une incertitude de taille: quelle sera l'autorité du texte issu de la Convention à l'égard des représentants des gouvernements des Etats membres réunis en Confé-

---

[17] Formule du professeur Allan DASHWOOD: *"A Constitutional Order of Sovereign States"*.

rence intergouvernementale, et seuls maîtres de la révision? La Convention de Philadelphie a connu la chance de se considérer comme pleinement et définitivement constituante: tel n'a pas été le cas de la Convention sur l'avenir de l'Union européenne...

Au moment ou se réunira la CIG, il faudra donc se demander si les gouvernements sont encore les seuls maîtres des traités? Le propos que tenait Olivier Duhamel, député européen, et membre de la Convention, le 6 juin dernier: *"les représentants des gouvernements ne sont qu'une des composantes de notre assemblée. Ne les laissons pas saboter notre travail car il ne serait pas acceptable qu'une petite minorité les détruise"*[18] a déjà trouvé sa réplique dans la réponse d'un ministre des affaires étrangères, également membre de la Convention, mais rappelant qu'à la CIG ne siégeront que les seuls représentants des gouvernements des Etats membres ... Affaire à suivre ...

(septembre 2003)

---

[18] *Les Echos,* 7 juin 2003, p. 10.

OS DIREITOS FUNDAMENTAIS
NA CONSTITUIÇÃO EUROPEIA *

Professor Doutor MEINHARD HILF
Faculdade de Direito da Universidade de Hamburgo

Uma das características mais interessantes do constitucionalismo moderno é o facto de todas as constituições escritas incluírem um conjunto de direitos fundamentais. Os três tratados comunitários que originalmente instituíram as Comunidades Europeias não incluíam disposições relativas à protecção dos direitos humanos na condução dos assuntos comunitários. Estes possuíam apenas só princípios de liberdade económica específicos a ser garantidos nos termos do sistema do Mercado Comum. Estas liberdades garantiam principalmente liberdade comercial entre fronteiras[1] e destinavam-se essencialmente a excluir restrições impostas pelos Estados membros[2]. Mas não são, na sua origem, direitos de defesa contra actos jurídicos das instituições da Comunidade.

Assim, o Tribunal de Justiça Europeu (TJE) teve de vir à liça. Ao longo dos anos tem vindo a declarar que os "princípios gerais das leis da CE" incluíam a protecção dos direitos fundamentais que fazem parte integrante das tradições constitucionais comuns dos Estados membros, bem como os que constam dos tratados internacionais sobre direitos humanos nos quais tenham colaborado ou dos quais sejam signatários, em especial, a Convenção Europeia dos Direitos do Homem e das Liberdades Funda-

---

* Tradução da responsabilidade do Goethe Institut Lissabon.

[1] *Everling*, Wirtschaftsfreiheit im europäischen Binnenmarkt – Anspruch und Realität, in Schwarze (ed.), Wirtschaftsverfassungsrechtliche Garantien für Unternehmen im europäischen Binnenmarkt (2001), p. 11 (at 22).

[2] Cf. *Beutler*, article F, in von der Groeben et al. (eds.), Kommentar zum EU-, EG-Vertrag (5.ª ed., 1997), parág. 91.

mentais (Convenção Europeia)³. O TJE foi desenvolvendo progressivamente uma espécie de carta de direitos fundamentais, não escrita, para a Comunidade, que gradualmente foram sendo expressamente reconhecidos pelos tratados, especialmente o artigo 6.º do Tratado da União Europeia (TUE) declara que o respeito pelos direitos e liberdades fundamentais constitui um dos princípios básicos em que se funda a União e o artigo 7.º do Tratado da União Europeia prevê um mecanismo de sanção aos Estados membros que violem estes princípios de forma grave e persistente.

Apenas a partir dos anos 70 foi considerado necessário incluir um conjunto de direitos fundamentais nos tratados europeus. Tal enunciação foi estabelecida, pelo habitualmente designado *"Relatório Spinelli"*[4] para um tratado constitucional, bem como por uma resolução adoptada pelo Parlamento Europeu em 1990[5].

Depois de muitos anos de discussão sobre se a UE deveria aceitar a convenção europeia dos Direitos Homem ou se deveria ter a sua própria carta de direitos, o Conselho Europeu de 1999 lançou a iniciativa de elaboração de um projecto de Carta de Direitos Fundamentais para a UE. A Convenção nomeada apresentou um projecto de carta em menos de um ano. Na Cimeira de Chefes de Estado e de Governo da UE, que decorreu em Nice em 7 de Dezembro de 2000, a Carta foi proclamada solenemente pela Comissão, pelo Parlamento Europeu e pelo Conselho e foi politicamente aprovada pelos Estados membros[6]. Esta Carta inclui direitos e liberdades fundamentais e, pela primeira vez, um vasto conjunto de direitos sociais[7].

A proposta de conferir efeitos jurídicos plenos foi colocada na agenda da reforma pós-Nice e pós-Laeken, para ser analisada na Conferência Intergovernamental em 2004[8]. Depois da Cimeira de Nice ter sido

---

[3] Processo 36/75 [1975], CJ 1219, *Rutili*; Processo 222/84 [1986], CJ 1651, *Johnston*, parág. 18; Processo C-185/97 [1998], CJ I-5199, *Coote*, parágs. 21-23.

[4] Ver "Projecto de uma Constituição para a União Europeia" [1994], JO C77, p. 33, e *Boletim das Comunidades Europeias*, 1984, n.º 2, pp. 8-26.

[5] *Relatório Colombo*, doc. A3-165/90 [1990], JO C231, p. 91.

[6] Ver [2000], JO C364/1.

[7] Ver Eriksen/Fossum/Menéndez (eds.), The Chartering of Europe (2003); Feus (eds.), An EU Charter of Fundamental Rights: Text and Commentaries (2000); *Lenaerts/ Smijter*, CMLR 38 (2001), p. 273.

[8] *McCrudden*, "O Futuro da Carta de Direitos Fundamentais da UE", *Dutiel de la Rochère*, Droits de l'homme: La Charte des droits fondamentaux et au dela; *de Búrca*, Human Rights: The Charter and Beyond, all forming Jean Monnet Working Paper 10/01, www.jeanmonnetprogram.org/papers.

incapaz de determinar as alterações substantivas necessárias aos Tratados da UE que teriam preparado a União Europeia para a adesão de dez novos Estados membros, os Chefes de Estado e de Governo decidiram em Laeken, um ano mais tarde, resolver todos os problemas pendentes através da assinatura de um tratado base (novo)[9]. Nomearam, assim, pela segunda vez, uma convenção que foi mandatada para ponderar todos os temas em debate e para a redigir de um documento final que pudesse vir a constituir o ponto de partida para a discussão na Conferência Intergovernamental seguinte. Um dos assuntos que a Convenção teve de analisar foi a questão da inserção de uma Carta de Direitos Fundamentais no tratado base, bem como se a Comunidade Europeia deveria aderir, ou não, à Convenção Europeia dos Direitos Humanos. A Convenção criou um grupo de trabalho[10] que examinou todos os aspectos específicos decorrentes da integração de um conjunto tão grande num tratado constitucional futuro. Foi, possivelmente, com base no relatório final do grupo de trabalho[11] que a Convenção decidiu adoptar a Carta de Direitos Fundamentais quase tal como se encontra[12].

A seguir, concentrar-me-ei em quatro diferentes temas que o grupo de trabalho teve de ponderar:

I. Deverá a Carta tornar-se parte vinculativa do Tratado Constitucional?
II. Qual tem sido e qual virá a ser o seu estatuto jurídico da Carta?
III. Como deverá ser a Carta integrada no Tratado Constitucional?
IV. Irá ter a Convenção Europeia para a Protecção dos Direitos Humanos e Liberdades Fundamentais um papel decisivo no futuro da União Europeia?

---

[9] Ver O Futuro da União Europeia, Declaração de Laeken de 15 de Dezembro de 2001.
[10] Ver CONV 72/02 Mandato do Grupo de Trabalho sobre a Carta de 31 de Maio de 2002.
[11] Ver CONV 354/02 Relatório final do Grupo de Trabalho II de 22 de Outubro de 2002.
[12] Ver CONV 850/03 Projecto de Tratado que estabelece uma Constituição para a Europa de 18 de Julho de 2003.

I. Deverá a Carta tornar-se parte vinculativa do Tratado Constitucional?

Apesar de a Carta conter um certo número de inovações (por exemplo, proibição da clonagem reprodutiva humana), pode ser melhor descrita como um catálogo que reflecte os direitos contidos em diversas constituições nacionais e acordos europeus e internacionais a que o TJE tem vindo a recorrer nos últimos anos. Podemos compará-lo a um enorme ramo de flores composto pelos direitos e liberdades de todas as tradições constitucionais dos Estados membros.

A integração desta Carta no Tratado Constitucional constitui uma decisão inequívoca por diversas razões:

– Um maior compromisso na garantia do respeito pelos direitos fundamentais pode dar à UE os fundamentos éticos de que parece carecer em virtude da sua origem como Mercado Comum e do constante ênfase dado aos objectivos económicos.

– Os assuntos relativos aos direitos humanos têm cada vez maior relevância na legislação e políticas da UE, em especial após a adopção da Carta. No relatório anual sobre direitos humanos, o Conselho já assumiu o compromisso de tornar os direitos humanos um factor essencial das políticas interna e externa da UE. No campo da política externa, a Carta como parte vinculativa do Tratado Constitucional irá dar um forte sinal a Estados terceiros de que a União Europeia não se envolverá em relações políticas ou económicas se não houver entendimento constitucional sobre os direitos fundamentais, o que, consequentemente, também irá ter efeitos positivos noutros países.

– A Carta limita-se a melhorar o actual nível dos direitos fundamentais sem, no entanto, os pôr em causa. O artigo 53.º estabelece especificamente que "nenhuma disposição da presente Carta deve ser interpretada no sentido de restringir ou lesar os direitos do Homem e as liberdades fundamentais reconhecidos [...], pelo direito da União, o direito internacional e as convenções internacionais em que são partes a União, a Comunidade ou todos os Estados membros, nomeadamente a Convenção Europeia para a protecção dos direitos do homem e das liberdades fundamentais, bem como pelas constituições dos Estados membros". O artigo 52.º(2) afirma que a Carta não altera o sistema de direitos conferido pelos tratados. Nos termos do artigo 52.º(3), os direitos na Carta que correspondem aos direitos conferidos pela Convenção Europeia têm o mesmo objectivo e significado daqueles que se encontram estabelecidos na Convenção Europeia.

Estes, no entanto, não impedem a legislação da União de estabelecer uma protecção mais vasta. Estes artigos demonstram que a Carta não impede o Tribunal de Justiça Europeu de melhorar os direitos fundamentais que se baseiam nas tradições constitucionais comuns aos Estados membros e à Convenção Europeia dos Direitos do Homem e das Liberdades Fundamentais.

– A integração da Carta não vai modificar, em qualquer sentido, a distribuição de competências entre a União e os Estados membros. O artigo 51.º(2) da Carta declara que a mesma não cria quaisquer novas atribuições ou competências para a CE ou para a UE. Além disso, a Carta foi redigida tendo em atenção o respeito pelo princípio da subsidiariedade. Sendo feita uma menção superficial ao princípio da subsidiariedade no artigo 51.º(1) da Carta. Além disso, os artigos do preâmbulo e da Carta, que fazem referência a leis e a práticas nacionais, clarificam a observância do princípio da subsidiariedade.

Como a Carta representa o consenso atingido pela Convenção anterior, todo o seu conteúdo – incluindo a declaração de direitos e princípios, o respectivo preâmbulo e as 'disposições gerais' – deverá ser respeitado, e não reaberto, pela actual Convenção, bem como pela Conferência Intergovernamental.

II. Qual tem sido e qual virá a ser o estatuto jurídico da Carta?

O actual estatuto jurídico da Carta é difícil de avaliar. A Comissão, o Conselho de Ministros e o Parlamento Europeu comprometeram-se a respeitar a Carta através da declaração solene proferida em Nice em Dezembro de 2000[13]. Embora seja inquestionável que, formalmente, a Carta não tem natureza vinculativa, algumas instituições têm feito uso das suas disposições. A Comissão decidiu, através de uma decisão interna tomada em Março de 2001, fazer uma análise de compatibilidade relativamente à Carta. O Provedor de Justiça Europeu fez também referência à Carta nos seus discursos e no relatório anual, nomeadamente aos diversos aspectos do direito a uma boa administração e do direito de acesso ao Provedor de Justiça, nos termos dos artigos 41.º a 43.º e seguintes. O Tribu-

---

[13] Ver [2000] JO C364/1.

nal de Primeira Instância (TPI)[14] bem como alguns advogados gerais[15] reafirmaram nos seus acórdãos e conclusões, direitos fundamentais salvaguardados noutros instrumentos por referência à Carta da UE, enquanto o Tribunal de Justiça Europeu respeita o carácter não vinculativo da Carta como expressão da intenção declarada de alguns Estados membros mas ainda não lhe fez referência directa em qualquer acórdão.

Mas é claro, mesmo através desta breve análise, que a Carta produz alguns efeitos e tem alguma influência jurídica. E que a mesma já começa a ser amplamente respeitada na prática constitucional da UE.

Embora o actual estatuto jurídico seja profundamente discutido, a Carta, depois de integrada no Tratado Constitucional, será obviamente tão vinculativa como qualquer outra norma do Tratado. Embora este seja aplicado principalmente à UE e às respectivas instituições, também se dirige aos Estados membros "quando apliquem o direito da União" [artigo 51.º(1) da Carta]. Sendo expressamente pedido a todos os destinatários que promovam os direitos ali consignados. O TJE, o Tribunal de Primeira Instância e os advogados gerais usarão o conjunto de direitos fundamentais consignado na Carta como principal fonte jurídica no que respeita aos direitos fundamentais.

III. Como deverá ser a Carta integrada no Tratado Constitucional?

Os membros do Grupo de Trabalho, bem como a Convenção no seu todo, apoiam vivamente uma integração da Carta de modo a torná-la juridicamente vinculativa e a dar-lhe um estatuto constitucional ou não excluem a hipótese de dar parecer favorável a tal integração. Foram sugeridas diversas formas para a obtenção de tal resultado[16].

---

[14] Tribunal de Primeira Instância, Processo T-177/01, acórdão de 3 de Maio de 2002, *Jégo-Quéré et Cie SA*, parág. 42, 47; Tribunal de Primeira Instância, Processo T-54/99, acórdão de 30 Janeiro de 2002, *max.mobil Telekommunikation Service*, parág. 48.

[15] Conclusões do advogado geral Tizzano de 8 de Fevereiro de 2001, Processo C-173/99, *BECTU*, parág. 28; Conclusões do Advogado Geral Alber de 1 Fevereiro de 2001, Processo C-340/99, *TNT Traco S. p. A.*, parág. 94; Conclusões do advogado geral Mischo de 22 de Fevereiro de 2001, Processos apensos C-122/99 P e C-125/99 P, *Alemanha e Suécia vs Conselho*, parág. 97; Parecer do advogado geral Jacobs de 22 Março 2001, Processo C-270/99 P, *Z vs Parlamento Europeu*, parág. 40; Conclusões do Advogado Geral Jacobs de 21 de Março de 2002, Processo C-50/00 P, *Unión de Pequeños Agricultores*, parág. 39.

[16] Ver CONV 354/02 Relatório final do Grupo de Trabalho II de 22 de Outubro de 2002, p. 3.

Inicialmente foi considerada a inserção de uma referência à Carta num artigo do Tratado Constitucional. Essa referência seria conjugada com a anexação da Carta ao Tratado sob a forma de protocolo. Certamente que poderíamos viver com a Carta consignada numa declaração em separado, que estaria associada ao Tratado Constitucional através de uma referência explícita. A Constituição Francesa de 1958 contém tal referência à Declaração dos Direitos do Homem e do Cidadão de 1789 que integra o texto na lei constitucional francesa. Mas anexar um conjunto de direitos fundamentais num protocolo pareceu inconcebível. Nos protocolos encontramos, geralmente, textos secundários que poderiam também ser encontrados num texto separado apesar de fazerem parte integrante do texto principal. Parece claro que a Carta não é um instrumento que pudesse ou devesse ser tratado por um mero protocolo.

Consequentemente, ficámos plenamente satisfeitos ao ver o actual projecto do Tratado estabelecer uma Constituição para a Europa integrando a Carta numa posição relevante. A favor de uma maior legibilidade do Tratado Constitucional, a Convenção decidiu integrar a Carta na sua globalidade no segundo capítulo do Tratado Constitucional. Através desta forma de integração é possível manter o preâmbulo como um elemento essencial do consenso geral obtido pela Convenção anterior.

IV. Irá ter a Convenção Europeia para a Protecção dos Direitos Humanos e Liberdades Fundamentais um papel decisivo no futuro da União Europeia?

A relação actualmente existente entre a União Europeia e a Convenção Europeia dos Direitos do Homem é difícil.

Embora a União Europeia não tenha subscrito a Convenção Europeia dos Direitos do Homem, é inquestionável que a ela se encontra vinculada. Uma vez que todos os Estados membros têm, desde 1974, vindo a ratificar a Convenção Europeia dos Direitos do Homem, a transferência de poderes para uma organização internacional não exclui a responsabilidade do Estado perante a Convenção Europeia relativamente ao exercício do poder transferido. O Tribunal de Justiça Europeu demonstra claramente nos seus acórdãos considerar que a União se encontra obrigada a respeitar a Convenção Europeia[17]. E o artigo 6.°(2) do Tratado da União Europeia

---

[17] TEJ, Processo C-368/95, *Familiapress* [1997], CJ-I3689, parág. 25; Tribunal de Primeira Instância, Processo T-177/01, *Jégo-Quéré*, de 3 de Maio de 2002, parágs. 41, 47.

estipula que "A União respeitará os direitos fundamentais tal como os garante a Convenção Europeia".

De qualquer forma, na Carta os Estados membros determinaram explicitamente a relação entre a União Europeia e a Convenção Europeia. O artigo 52.°(3) da Carta garante que, na medida em que esta inclui direitos que correspondem aos direitos garantidos pela Convenção Europeia, o significado e o âmbito desses mesmos direitos será no mínimo idêntico àquele que se encontra previsto pela Convenção. Assim, a Convenção Europeia funcionará como o padrão mínimo no que se refere à protecção mínima relativa aos direitos fundamentais na União Europeia. Adicionalmente, o 5.° parágrafo do preâmbulo determina claramente que a Carta "reafirma [...] os direitos que decorrem, nomeadamente [...] da Convenção Europeia para a Protecção dos Direitos Humanos e das Liberdades Fundamentais [...] e [...] a jurisprudência [...] do Tribunal Europeu dos Direitos do Homem".

Para garantir um padrão adequado de protecção dos direitos fundamentais, o Tribunal de Justiça Europeu, no quadro da futura União, actuará apenas de acordo com os direitos fundamentais previstos pela Convenção Europeia e na jurisprudência do Tribunal Europeu dos Direitos do Homem de modo a evitar qualquer desconformidade.

Porém, há ainda uma questão deixada em aberto pela Carta: o conflito de competência entre o Tribunal de Justiça Europeu do Luxemburgo e o Tribunal Europeu dos Direitos Fundamentais de Estrasburgo. Qual deles será, em última instância, o árbitro? Ou, por outras palavras, tem o Tribunal Europeu dos Direitos Fundamentais de Estrasburgo jurisdição para dar protecção aos direitos fundamentais num processo individual contra actos da Comunidade? Parece haver, cada vez mais, casos tratados pelo Tribunal Europeu dos Direitos Fundamentais com o objectivo de fiscalizar actos jurídicos comunitários[18]. O mais recente é o famoso caso *Senator Lines*[19] no qual uma decisão na área da concorrência começou por ser inicialmente discutida nos tribunais do Luxemburgo[20] e posteriormente no Tribunal Europeu dos Direitos do Homem de Estrasburgo. Neste processo,

---

[18] Ver acórdão do TEDH de 15 de Novembro 1996, Petição n.° 17 862/91, *Cantoni*, 26 EuGRZ (1999), p. 193 (at 197); acórdão do TEDH de 18 de Fevereiro de 1999, Petição n.° 24 833/94, *Matthews*, 26 EuGRZ (1999), p. 200 (at 204 e seg.).

[19] Ver acórdão do TEDH de 4 de Maio de 2000, Petição n.° 56 672/00, 21 HRLJ (2000), pp. 112 e seg.

[20] Tribunal de Primeira Instância, Processos T-191/98R, *Senator Lines* [1999] CJ II-2531, e sobre o recurso, CJ, C-364/99P R [1999] CJ I-8733.

ainda pendente, a companhia de navegação *Senator Lines GmbH,* com sede em Bremen, queixou-se da recusa da concessão de uma suspensão temporária da aplicação de um despacho administrativo, que impunha uma multa, constituía uma violação dos artigos 6.° e 13.° da Convenção Europeia.

Em virtude das diferentes atribuições dos dois tribunais europeus, da situação factual diferente e da sequência temporal das decisões, divergências sobre certos detalhes relativamente a padrões dos direitos fundamentais, por estes concedidos em casos individuais, não podem nunca ser totalmente excluídos. Mas, sem a existência de um árbitro com a palavra final em tais questões, a possibilidade de conflito entre decisões dos dois tribunais europeus conduz a uma enorme incerteza jurídica.

Como o Tribunal Europeu dos Direitos do Homem teria a decisão final em matérias referentes à protecção dos direitos fundamentais, a adesão da UE à Convenção Europeia asseguraria um desenvolvimento harmonioso da jurisprudência dos dois tribunais europeus resolvendo, consequentemente, o problema residual. Além disso, seria aberta uma via adicional de recurso contra actos da União Europeia, passando os cidadãos a ter, perante actos da União, uma protecção análoga àquela de que dispõem face a actos dos Estados membros. Uma vez que não há "recurso constitucional" ao nível da União, a adesão da União Europeia à Convenção poderia preencher este vazio.

A adesão permitiria, ao mesmo tempo, à União Europeia a possibilidade desta se defender perante o Tribunal Europeu dos Direitos do Homem e de ter um juiz no Tribunal que possuísse os conhecimentos necessários em matéria de legislação da União.

No entanto, a adesão também teria algumas desvantagens: a introdução de uma instância adicional contra actos da Comunidade contribuiria para aumentar o tempo e os custos dos processos. O que poderia, inevitavelmente, atrasar uma protecção efectiva e poderia conduzir a uma reduzida certeza jurídica. Mas se olharmos para a nova jurisprudência do Tribunal Europeu dos Direitos do Homem estendendo-se à legislação da UE – como referido anteriormente –, tal desenvolvimento não poderá, provavelmente, ser evitado, independentemente de haver, ou não, adesão.

A adesão da União à Convenção Europeia daria um sinal político forte de coesão entre a União e a "grande Europa", reflectida no Conselho da Europa e no sistema pan-europeu de direitos humanos. Consequentemente, a UE/CE e as respectivas instituições deveriam estar sujeitas ao sistema da Convenção Europeia, bem como à jurisdição das instituições de Estrasburgo. O novo projeto de tratado tem actualmente no artigo 7.°(2)

uma autorização constitucional que permite à União aderir à Convenção Europeia. Mas, mesmo sem uma adesão formal, é notório, tal como se referiu anteriormente, que o Tribunal de Justiça Europeu se esforçará no sentido de desenvolver uma base constitucional conveniente e comum para toda a Europa. Em resumo, no futuro, a Convenção Europeia irá também ter um papel importante ao nível da União.

Não é possível ainda prever o âmbito de aplicação e o impacto total da Carta sobre os Estados membros, bem como sobre a capacidade política da UE. No entanto, até à entrada em vigor do futuro Tratado Constitucional, aproximadamente em 2007, há tempo para explorar os valores subjacentes, inseridos naquela – deve dizer-se – em certa medida revolucionária Carta da União Europeia.

É desde já absolutamente claro que a integração da Carta no Tratado Constitucional é um grande salto em direcção a uma política da União baseada nos – agora visíveis – direitos fundamentais.

Hamburgo, 10 de Agosto de 2003.

O CONTEÚDO E OS VALORES
DA CONSTITUIÇÃO EUROPEIA*

Professor Doutor FAUSTO DE QUADROS
Faculdade de Direito da Universidade de Lisboa

1. Introdução

Tendo-me cabido, pelo Instituto Europeu da Faculdade de Direito da Universidade de Lisboa, o encargo de coordenar a organização e a realização deste Colóquio Internacional, devo, para começar, dirigir algumas palavras de reconhecimento.

Em primeiro lugar, aos outros co-organizadores deste Colóquio. Quero exprimir aqui aos directores do British Council, do Goethe Institut Lissabon e do Institut Franco-Portugais e ao presidente da direcção do Clube Humboldt de Portugal o nosso grande contentamento por ter sido possível esta organização conjunta e, ainda por cima, sobre este tema e neste momento.

Depois, ao Magnífico Reitor da Universidade de Lisboa, Professor José Barata Moura. Foi para nós uma distinção ele ter presidido ontem à sessão de abertura deste Colóquio e ter nela proferido uma excelente alocução sobre a construção europeia.

Quero também exprimir a nossa profunda gratidão a todos os oradores que aceitaram participar nas várias sessões e, obviamente, de modo especial, aos oradores vindos de outros Estados da União Europeia, cujo elevado domínio da matéria do Direito da União Europeia é sobejamente conhecido.

---

* O texto corresponde à reprodução magnética da comunicação do Autor. Um texto muito próximo deste foi publicado contemporaneamente pelo Autor no *Festschrift Peter Badura, Der Staat des Grundgesetzes – Kontinuität und Wandel*, Heidelberga, 2004, pp. 1125 e segs.

Quanto à sessão em que estou a participar, eu desejo, antes de mais, testemunhar ao Professor Rui Medeiros o grande prazer que tenho em participar numa mesa-redonda por ele moderada. E exprimo também a minha alegria em reencontrar os meus velhos amigos Professores Meinhard Hilf e Vlad Constantinesco, aos quais a doutrina do Direito Comunitário tanto deve, e quero dizer-lhes que me sinto muito feliz por poder voltar a debater com eles, agora em Lisboa, um tema tão importante para a integração europeia.

Por razões pedagógicas, consintam-me que, ao contrário do que a epígrafe da mesa-redonda sugere, eu fale, primeiro, dos valores e, depois, do conteúdo da Constituição Europeia.

2. Os valores da Constituição Europeia

É verdade que os tratados institutivos das Comunidades não falavam em "valores". Mas isso não nos autoriza a afirmar que eles não se regessem por valores.

Na construção dessa "Comunidade de Direito" teve grande influência *Walter Hallstein*, o primeiro Presidente da Comissão das Comunidades, e a jurisprudência do Tribunal de Justiça.

O Tratado da União Europeia consagrou de modo expresso esses valores com uma função modeladora do sistema jurídico da União Europeia e das Comunidades. É assim que devem ser interpretados o então artigo F, n.os 1 e 2, UE, na redacção que lhe foi dada pelo Tratado de Maastricht, e, sobretudo, o artigo 6.º, na redacção que lhe foi dada pelo Tratado de Amesterdão. Neste último, embora se destaque o seu n.º 1, encontrávamos, no seu conjunto, como valores estruturantes da União Europeia, os seguintes: a liberdade, a democracia, o respeito pelos direitos fundamentais, tais como eles resultavam da Convenção Europeia dos Direitos do Homem e das tradições constitucionais comuns aos Estados membros, o Estado de direito e a preservação da identidade nacional.

Isto quer dizer que da Comunidade de Direito passamos a uma União de Direito, moldada por esse acervo rico de princípios constitucionais e valores.

No quadro dos trabalhos da Convenção sobre o Futuro da Europa, o anteprojecto de Constituição apresentado pela Comissão, conhecido como documento "Penelope", qualificava expressamente a União como uma "Comunidade de Valores" (artigo 1.º, n.º 1). Era uma orientação feliz.

Esses valores seriam "valores espirituais e morais" (artigo 1.º, n.º 2). Essa ideia seria retomada ao longo do mesmo anteprojecto, por exemplo, na matéria da "política de relações externas", à qual era apontado, entre outros objectivos, o da "salvaguarda dos valores comuns".

No texto final do "Projecto de Tratado que institui uma Constituição para a Europa", elaborado pela Convenção e aprovado pelo Conselho Europeu de 20 de Junho de 2003 (e que doravante citaremos abreviadamente por Projecto de Constituição) não se fala em "Comunidade de Valores". Mas nem por isso o Projecto diminui a importância dos valores para a formação do património constitucional da União Europeia.

Assim, a existência de valores comuns, próprios da União, que constituem o seu fundamento filosófico, e cuja prossecução, portanto, é imposta à União, é afirmada, de modo enfático, por vários preceitos: os considerandos 1 e 2 do preâmbulo, e os artigos 1.º, n.º 2, 2.º, n.º 1, e 18.º, n.º 1. Esses valores, diz o Projecto, devem ser afirmados pela União nas suas relações internacionais, e com a colaboração dos Estados membros (artigos 3.º, n.º 4, e 39.º, n.º 5).

Todavia, o preceito-chave sobre os valores da União é o artigo 2.º, que dispõe: "A União funda-se nos valores do respeito pela dignidade humana, da liberdade, da democracia, da igualdade, do Estado de direito e do respeito pelos direitos humanos. Estes valores são comuns aos Estados membros, numa sociedade caracterizada pelo pluralismo, a tolerância, a justiça, a solidariedade e a não discriminação."

Este preceito é muito importante, e por duas razões.

Em primeiro lugar, o núcleo central do património cultural e político da União passa a ser formado por estes valores. Isto quer dizer que a União não vai ser norteada apenas por objectivos economicistas, mercantilistas ou monetaristas, não vai ser apenas uma construção técnica, não vai ser acrítica ou neutra quanto a princípios básicos que norteiam uma comunidade política, nem os vai erguer a meras regras formais ditadas por um abstracto normativismo, como a expressão "princípios" até agora utilizada no artigo 6.º, n.º 1, UE pode dar a entender. Mais do que isso, ela vai afirmar-se com uma identidade própria, composta por valores espirituais e morais "em que se funda o humanismo" (1.º considerando do preâmbulo). Ou seja, a pessoa humana, e não a economia ou a moeda única, passa a estar no centro do património civilizacional da União e dos Estados membros.

Em segundo lugar, o preceito transcrito co-responsabiliza os Estados membros na prossecução desses valores. Portanto, os valores não são só da União mas também são "comuns aos Estados membros". É o que dispõe, de forma expressa, a segunda parte daquele preceito.

Portanto, se com o Tratado de Maastricht passámos, como mostrámos, da Comunidade de Direito para uma União de Direito, com a entrada em vigor da Constituição Europeia passaremos da União de Direito para uma Comunidade (ou União) de Valores, o que, sem dúvida, enriquece a União do ponto de vista cultural e civilizacional. E deve entender-se que esses valores fazem parte de um *ius cogens* comunitário e que, portanto, eles passam a valer como limites materiais à futura revisão da Constituição Europeia.

3. O conteúdo da Constituição Europeia. Em especial, a governação europeia

A presente revisão do Tratado da União Europeia, na redacção que a este deu o Tratado de Nice, foi determinada pela necessidade de refundar a União. E essa refundação tornou-se necessária para adaptar a União ao alargamento aos dez novos Estados membros.

No quadro dessa refundação a questão mais importante que há que definir é a da chamada governação europeia. E, dentro desta, vou-me ocupar aqui de três matérias: o modelo político da nova União; as novas atribuições da União e das Comunidades, e a questão institucional.

3.1. *O modelo político da nova União*

Os princípios da transparência e da aproximação do poder em relação aos cidadãos, que consistem hoje em princípios básicos da ordem jurídica da União, exigem que a União, sobretudo agora na fase do seu aprofundamento, esclareça que modelo político pretende para ela. Ora, nesta matéria a Convenção deixou-nos uma grande indefinição e imprecisão.

A ausência de um modelo político claro para a União apresenta um grave inconveniente: o de o Direito vir a perder o controlo do processo da integração em benefício de uma pura construção política, se não da improvisação política. Com isso ganharão os politólogos mas o processo de integração perderá solidez, coerência e transparência.

De facto, nem durante os trabalhos da Convenção nem no Projecto da Constituição ficou definido que modelo político a União pretende seguir.

O equívoco começa logo na designação de "Constituição Europeia". É que, na verdade, do ponto de vista jurídico não podemos falar, de modo algum, em Constituição Europeia. E por duas razões.

Primeiro, a chamada "Constituição Europeia" não se chama assim mas, sim, *"Tratado* que institui uma Constituição para a Europa". Ou seja, é a própria chamada "Constituição" que recusa essa designação, para se autocaracterizar como tratado internacional. E esse comportamento da Convenção foi consciente e adequa-se ao regime que o Projecto definiu para o Tratado. De facto, o artigo IV-8.º estabelece que o Tratado só entrará em vigor depois de ratificado por *todos* os Estados membros, de acordo com as respectivas normas constitucionais.

Note-se que o artigo IV-7.º vai mais longe e define, desde já, o mesmo regime para a revisão do Tratado que vier a sair deste Projecto. De facto, o n.º 3 daquele artigo dispõe que a revisão desse Tratado só entrará em vigor depois de ter sido ratificada por *todos* os Estados membros. E o n.º 4 nada estabelece em contrário. Ele limita-se a dispor que se, no prazo aí referido, a revisão do Tratado que agora se prepara não obtiver ratificação da parte de quatro quintos dos Estados membros, o Conselho Europeu "analisará a questão". Nada permite extrair desta frase o entendimento de que o Tratado de revisão entrará em vigor sem a sua ratificação por todos os Estados membros.

Em segundo lugar, não podemos falar de "Constituição Europeia" porque a União Europeia não tem poder constituinte próprio. Para que o tivesse seria necessário que houvesse "povo europeu". Ora, ainda não há, do ponto de vista jurídico, povo europeu. A cidadania europeia não é uma cidadania autónoma mas só complementar da cidadania estadual (artigo 17.º CE). E o próprio Parlamento Europeu assume-se como representante, não do povo europeu, mas dos "povos dos Estados reunidos na Comunidade" (artigo 189.º CE). Aliás, mesmo no plano político é difícil admitir-se que já haja um povo europeu. A divisão que se verificou entre os Estados membros em relação à recente crise no Iraque, divisão essa que se ficou a dever a meras questões internas de alguns Estados membros, mostrou que a solidariedade europeia ainda é muito fraca e que o interesse comunitário ainda não se consegue afirmar sobre os interesses egoístas dos Estados membros.

Daqui resulta que a Constituição Europeia não poderá ser vista como uma constituição formal e a União Europeia não poderá, portanto, ser assimilada a um modelo estadual.

O anteprojecto da Comissão e os trabalhos da Convenção afirmavam que a União ia gerir competências comuns em *"moldes federais"* ou "dentro de *linhas federais*". Por falta de consenso sobre a matéria, o Projecto de Constituição veio dispor que a União "exerce em *moldes comunitários* as competências" que os Estados lhe conferem. Mas dizer isto é não dizer nada. O que são "moldes federais"? O que são "linhas federais"? O que são "moldes comunitários"? Os moldes comunitários nem sequer querem significar a comunitarização do segundo e do terceiro pilares, como seria, aliás, de esperar que acontecesse, porque estes se mantêm no Projecto, ainda que a sua autonomia tenha sido reduzida em relação ao Tratado CE após a revisão de Nice.

Ora, a verdade é que o Projecto não cria um Estado federal. Aliás, se o criasse, devia dizer por qual federalismo optara, porque o federalismo é um método e, como tal, o Direito Constitucional Comparado e a Ciência Política conhecem diversas formas de federalismo. É o federalismo parcial ou o federalismo integral? É o federalismo interno ou o federalismo externo? É o federalismo de Alexander de Marc ou de Proudhom? É o federalismo de tipo norte-americano ou o federalismo cooperativo de tipo alemão?

Portanto, como se vê, o novo modelo político pretendido para a União devia estar mais bem definido no Projecto de Constituição. Não o tendo sido, temos de nos limitar a qualificar o Projecto como Projecto de um *Tratado Constitucional*. Tratado, já dissemos porquê; Constitucional, no sentido material de Constituição, isto é, um Tratado que incorpora o esqueleto de uma Constituição em sentido material, porque, tomando o Estado como referência, define os princípios e os valores constitucionais da União, diz quais são as suas atribuições e como é que se repartem as atribuições entre a União e os Estados membros, cria um aparelho orgânico para permitir à União realizar as suas atribuições, estabelece os direitos fundamentais dos cidadãos da União e define um sistema de garantias para a salvaguarda do princípio da legalidade comunitária e para a protecção dos direitos fundamentais.

Esta nebulosidade e indefinição quanto ao modelo político proposto pela Convenção para a União vai reflectir-se, depois, em várias matérias substanciais do Projecto, sobretudo no sistema institucional que aparece proposto para a futura União.

3.2. *Atribuições da União e dos Estados membros*

Na sua versão actual, o Tratado CE divide as atribuições da Comunidade em atribuições exclusivas, que não diz quais são, e em atribuições concorrentes entre a Comunidade e os Estados membros, cujo exercício é regido pelo princípio da subsidiariedade (artigo 5.º, par. 2, CE).

O Projecto de Constituição, nos artigos 11.º e seguintes, ao mesmo tempo que aumenta, em globo, as atribuições da Comunidade, torna este sistema mais complexo. Continua a haver atribuições exclusivas e concorrentes, passando-se a dizer quais são umas e outras, o que constitui um inegável progresso. Além delas, porém, são criadas para a União atribuições de "coordenação das políticas económicas e de emprego" (artigo 14.º) e "de apoio, de coordenação ou de complemento" (artigo 16.º). Não é claro em que consistam umas e outras. Mas o que há que sublinhar aqui é a contradição que parece haver na regulamentação do princípio da subsidiariedade no exercício das atribuições concorrentes nos artigos 9.º, n.º 3, e 11.º, n.º 2, 2.ª frase. De facto, o primeiro mantém o sistema actual, de preferência pela actuação dos Estados em detrimento da actuação da Comunidade, enquanto que o segundo parece dispor em sentido oposto. A ser assim, estaremos a assistir a uma distorsão do princípio da subsidiariedade.

3.3. O problema institucional

Uma matéria onde o Projecto altera bastante o Tratado UE e o Tratado CE na sua versão actual é a dos órgãos da Comunidade.

A revisão dos tratados que está em curso não pode ser excessivamente ousada em matéria de organização institucional da União. O motor do progresso da integração europeia tem sido o equilíbrio institucional dentro da União e das Comunidades. Por isso, naquilo que for possível deve-se manter o actual sistema orgânico e institucional. Nesta matéria, os tratados institutivos das Comunidades definiram, logo à partida, uma tripla legitimidade, que tem de ser mantida: primeiro, a legitimidade da integração, centrada na Comissão; depois, a legitimidade da interestadualidade, centrada no Conselho, que foi criado, já em 1951, como câmara federal da Comunidade, como dizem os trabalhos preparatórios do Tratado CECA, isto é, como órgão que representa os Estados, e, por fim, designadamente após a eleição do Parlamento Europeu por sufrágio directo e universal, a legitimidade democrática, centrada no Parlamento Europeu.

Compreende-se a inquietação dos grandes em quererem mudar este sistema. Numa Europa de 25, com o aumento do número de Estados médios e pequenos para 19 e a fixação do número dos Estados grandes em 6, têm, de facto, que ser revistos alguns mecanismos para se manter o equilíbrio entre os grandes e os outros. Também não é correcto falar-se em igualdade dos Estados membros, pois, os Estados membros nunca foram iguais nas Comunidades Europeias. Veja-se a diferença de votos no Conselho ou de deputados no Parlamento Europeu. Todavia, deve-se manter a mesma proporção que actualmente existe na repartição de poder entre os grandes, por um lado, e os médios e os pequenos Estados, por outro. No entanto, deve-se respeitar a igualdade dos Estados membros na Comissão, pelas razões que iremos ver a seguir.

Portanto, e resumindo, deve-se manter o Conselho Europeu como está, como órgão que dá os grandes impulsos à União Europeia e que toma as grandes decisões da União. Deve-se fortalecer a Comissão, tornando-a cada vez mais num embrião de um futuro Governo da União, o que passará pelo reforço do seu direito de iniciativa e da sua competência de execução. Mas na Comissão, a Câmara que representa a integração, não faz sentido que haja diferença entre Estados membros. Ela deve ser composta por um comissário por Estado. Há quem diga que 25 ou 30 comissários são demais. Não têm razão. Há que notar que a Comissão não delibera por unanimidade. Há governos estaduais com 30 ministros. Poder-se-á reflectir sobre se não deverá haver comissários com e sem pasta, comissários mais ou menos importantes. Também os há nos governos nacionais. Não há razão para que não os possa haver na Comissão Europeia.

O Parlamento Europeu devia ser, de facto, o órgão verdadeiramente representativo do povo europeu, que ainda não existe. E surpreende que o Parlamento seja o órgão mais esquecido nesta Constituição Europeia. Falamos de défice democrático, mas na Convenção houve projectos de reforço do Conselho, da Comissão, e de criação de novas câmaras. E o Parlamento Europeu, que é o único órgão eleito por sufrágio directo e universal? O Conselho e o Parlamento Europeu deviam manter-se como duas câmaras do poder legislativo por excelência, como um congresso bicameral, onde o Conselho, que foi criado para ser o *Bundesrat* alemão ou o Senado americano, e o Parlamento, para ser o *Bundestag* ou a Câmara dos Representantes, vejam a sua relação alterada de tal modo que, aumentando-se gradualmente o poder de co-decisão do Parlamento Europeu, se dêem mais poderes ao Parlamento para o aproximar da entidade que tem a última palavra no processo legislativo, como a Câmara dos Representantes e como o *Bundestag*, e não como actualmente acontece. Actualmente, é o Conselho, a câmara federal, que tem mais poderes do que o Parlamento. Há que aumentar o poder de fiscalização do Parlamento sobre a Comissão e sobre o Conselho. Reforçar a competência do Conselho em detrimento do Parlamento Europeu, isto é, reforçar a Câmara não eleita, que representa os Estados, em detrimento da Câmara eleita, seria o mesmo que reforçar os poderes do *Bundesrat* em detrimento do *Bundestag* ou reforçar o Senado em detrimento da Câmara dos Representantes. Isso seria rejeitar o federalismo, porque o federalismo não supõe só a representação dos Estados, pressupõe que a última palavra compita à Câmara eleita directamente pelos cidadãos da federação. E não é isto que se defende no Projecto de Constituição. Por outro lado, não são precisas mais câmaras. Não vamos fazer com o processo de decisão o que a Comissão fez com a comitologia, deixando-se obstruir a si própria, ao rodear-se de comités muitos deles desnecessários.

Quanto às presidências, não há razões para que cessem as presidências rotativas. Com a adesão dos novos Estados em 1995, fez-se uma pequena alteração na ordem alfabética, de tal modo que em cada *troika* houvesse sempre um Estado grande. Parece-me um princípio indispensável. As presidências devem continuar a ser rotativas, todavia, deve-se reforçar as *troikas* e deve haver sempre um grande na *troika,* nem que isso obrigue a que a rotação dos grandes, que só são seis, seja mais rápida do que a rotação dos médios e dos pequenos. Se não for assim, imagine-se o que seria num semestre de crise a *troika* ser composta, por hipótese, pela Letónia, pela Lituânia e por Malta. Também, volto a dizer que há grandes Estados que têm tido más presidências e há médios e pequenos Estados que já tiveram boas presidências. Uma presidência conjunta para o Conselho e para a Comissão é inadmissível. É não compreender que a Comissão e o Conselho têm legitimidade, completamente diferente, como se demonstrou, e, por isso, não faz sentido ficarem sob a mesma presidência. Do mesmo modo, dois presidentes muito fortes, um, para o Conselho, outro, para a Comissão, não. Haveria uma constante fricção entre os dois, que perturbaria a estabilidade na União. Isso não impede que se reforcem os poderes do Presidente da Comissão de coordenação dos trabalhos da Comissão.

4. Conclusão

Estamos perante um momento de viragem na União Europeia e na sua ordem jurídica. Estamos, portanto, todos nós, perante um grande desafio. Os comunitaristas, os constitucionalistas, os juspublicistas em geral talvez mais do que os outros cultores do Direito, mas também os privatistas, pois, está-se a preparar um código civil europeu. Convém que essa viragem seja feita com o maior consenso possível, evitando-se rupturas desnecessárias entre os Estados membros e não agravando mais as querelas quanto à solidariedade no interior da União. De qualquer modo, a União Europeia não pode parar e é urgente que ela apareça perante o Mundo como uma entidade forte e unida. Nos últimos anos, custou caro à Europa e ao Mundo não haver esta voz forte da Europa. Se isto será alcançado com esta Constituição, é o que veremos.

Fazemos votos para que isso aconteça.

ÍNDICE

Apresentação	5
Prefácio	7
Programa	9
1.ª SESSÃO: **Porquê uma Constituição Europeia?**	11

Competências e instrumentos legais da União no Projecto do Tratado Constitucional
Professor Doutor MICHAEL DOUGAN
Faculdade de Direito da Universidade de Cambridge 13

Tratado ou Constituição?
Professor Doutor PAULO DE PITTA E CUNHA
Faculdade de Direito da Universidade de Lisboa 45

Questões em torno do problema da religião na União Europeia
Professor Doutor GERHARD ROBBERS
Faculdade de Direito da Universidade de Treviro 51

La Constitution comme voie d'accès à une démocratie de grande échelle
Docteur MURIEL ROUYER
Instituto de Estudos Políticos de Paris (Institut d'Etudes Politiques de Paris) .. 59

2.ª SESSÃO: **Constituição Europeia e constituições nacionais** 69

A "identidade nacional" dos Estados membros na Constituição da Europa
Professor Doutor PETER BADURA
Faculdade de Direito da Universidade de Munique 71

Constituição e constituições perante a integração europeia
Professor Doutor JORGE MIRANDA
Faculdade de Direito da Universidade de Lisboa 83

O princípio da subsidiariedade e a nova proposta de Protocolo
Professora Doutora ELEANOR SPAVENTA
Faculdade de Direito da Universidade de Cambridge 95

3.ª SESSÃO: **As questões institucionais numa Constituição Europeia**.................. 111

A reforma institucional e a Constituição Europeia
   Professor Doutor RUI MOURA RAMOS
   Vice-Presidente do Tribunal Constitucional
   Faculdade de Direito da Universidade de Coimbra 113

Liderar a União – Que espécie de Presidência para a UE
   LARS HOFFMANN
   Investigador associado no Federal Trust for Education and Research, Londres.. 121

A reforma institucional nas resoluções da Convenção sobre o Futuro da Europa
   Professor Doutor ALBRECHT WEBER
   Faculdade de Direito da Universidade de Osnabrück 139

4.ª SESSÃO: **Conteúdo e valores da Constituição Europeia** 159

Valeurs et contenu de la Constitution européenne
   Professeur Docteur VLAD CONSTANTINESCO
   Faculdade de Direito da Universidade Robert Schuman, Estrasburgo 161

Os direitos fundamentais na Constituição Europeia
   Professor Doutor MEINHARD HILF
   Faculdade de Direito da Universidade de Hamburgo 179

O conteúdo e os valores da Constituição Europeia
   Professor Doutor FAUSTO DE QUADROS
   Faculdade de Direito da Universidade de Lisboa 189